ヘルステックと法

[編著]

鈴木謙輔
SUZUKI KENSUKE

小山嘉信
KOYAMA YOSHINOBU

箕輪俊介
MINOWA SHUNSUKE

粂内将人
KUMEUCHI MASATO

鳥巣正憲
TOSU MASANORI

萩原智治
HAGIWARA TOMOHARU

一般社団法人**金融財政事情研究会**

はじめに

　テクノロジーによる技術革新の波は、ヘルスケア分野も席巻しており、Healthcare×Technology＝ヘルステックと言われて久しいところです。今やヘルステックは、医療従事者や医療機関、薬局、製薬企業、医療機器メーカーのみならず、健康関連のアプリやデータベースを提供する事業者、医療データを利活用する企業など、広くヘルスケア産業に携わるプレイヤーにとって重要な課題となっています。

　そして、ヘルステックの法務は、極めて複雑で難解です。元来、ヘルスケア分野に関わる法規制は一元化されていないため、医療機関側、製薬企業側、健康保険制度など、様々な角度からの規制が複層的に入り組んでいますし、法律レベルだけでなく、厚生労働省や他の所管官庁の通知、ガイドライン、倫理指針、自主規制団体のルールなど、規制の根拠も拘束力も様々です。そこにテクノロジーの活用によって、従来の規制や法解釈が想定していなかった態様での活動や新規サービスが出現しており、そのような場面を法的にどのように扱い、適正な帰結に導くかは難問です。そして、ヘルステックは、ヘルスケアアプリ、医療DX（Digital Transformation）、PHR（Personal Health Record）、再生医療・ゲノム医療など、実に多種多様であり、また、日々進化しながら広がりを見せていますので、ヘルステックの法務においては、正に広大な海原を航海するかのごとく、容易に進むべき道を見失いかねません。

　本書では、そのようなヘルステックの法務に取り組むにあ

たって、全体像を掴み、その中での位置付け、方向性を見出すための指針となるよう、ヘルステックの様々な類型を取り上げて、これらに関わる法務の枠組みや基本的な考え方を紹介していきます。

　例えば、ヘルスケアアプリについては、第1章で、AIやウエアラブル端末の取扱いを含め、医療機器に関わる規制との関係を説明します。また、電子カルテ、オンライン診療、医療ロボットをはじめとする医療DXについて、第2章では、医療法・医師法といった医療に関わる規制を中心に概説します。PHRについては、第3章で、個人情報保護法や、各種ガイドライン・倫理指針、更には次世代医療基盤法といった法規範を案内します。第4章では、再生医療・ゲノム医療について、研究開発・臨床応用に関わる法規制だけでなく、生命倫理の観点からも紹介します。ヘルステックにおいてどのような知的財産としての保護が可能かという重要な実務課題については、第5章で取り上げています。そして、第6章では、日本のヘルステックの動向にも重要な示唆となりうる、アジアの各国・地域におけるヘルステックの近時の動向を紹介します。これらを通じて、読者の皆様にとって、様々なヘルステックに取り組む際に、法務面で注意すべきポイント、検討すべき事項の気付きとなれば幸甚です。なお、変化の早い分野ですが、本書の内容は、2023年4月時点の情報に基づいている点にご留意ください。

　また、金融財政事情研究会の稲葉智洋氏には本書の編集や校正作業においてご尽力を賜りました。ここに御礼申し上げます。

　それではまずは医療機器規制から見ていくことにしましょう。

　2023年10月

著者を代表して

鈴木　謙輔

● 目　次

第 1 章

ヘルスケアアプリと医療機器規制

1 医療機器とは

　近頃、テクノロジーの発展により健康維持や病気の治療など
に役に立つアプリが続々と開発されてきており、ニュースなど
でそのようなアプリを目にした方や実際に使用されている方も
いらっしゃるのではないでしょうか。通常であれば、アプリ
は、アップルやグーグルなどのプラットフォーマーの審査を経
れば、スマートフォンやタブレットにおけるアプリストアなど
で一般に入手・購入することができるようになります。しか
し、ヘルスケアに関するアプリは、身体・健康に関係する事項
を直接に取り扱うため、もしアプリに何らかの不具合や間違い
がある場合、皆様の健康状態に悪影響を与え、場合によっては
重大な結果をもたらす可能性もあります。このように、人体に
悪影響を及ぼす可能性があるという意味においては、ヘルスケ
アに関するアプリは、病院などで使われる医療機器と同じよう
な性質を持っていると言うことができます。そのため、ヘルス
ケアに関するアプリは、内容によっては薬機法（医薬品、医療
機器等の品質、有効性及び安全性の確保等に関する法律）で規制
される医療機器に該当する可能性があるのです。

　では、そもそもどのようなものが医療機器に該当するので
しょうか。レントゲン装置やCTなどの病院に設置されている
大型の機械が医療機器に該当することは明らかだと思います
が、ピンセット、血圧計、体温計のような家庭でも使用される
小型の道具はどうでしょうか。この点、医療機器に該当するた

[図表1－1－1] 一般的な医療機器の要件

①	使用目的	疾病の診断、治療、予防に使用される目的、または身体の構造、機能に影響を及ぼす目的
②	機械器具等	機械器具、歯科材料、医療用品衛生用品並びにプログラムおよびこれを記録した記録媒体
③	政令のリスト	薬機法施行令（医薬品、医療機器等の品質、有効性及び安全性の確保等に関する法律施行令）のリストに規定されているもの

めの要件は薬機法に明記されており、具体的には、以下のとおり、①疾病の診断、治療、予防に使用される目的、または身体の構造、機能に影響を及ぼす目的を有する、②「機械器具等」であって、③薬機法施行令（医薬品、医療機器等の品質、有効性及び安全性の確保等に関する法律施行令）のリストに規定されているものを言うものとされています（[図表1－1－1]）。

　したがって、ある物が医療機器に該当するかを判断するにあたっては、まずはその物の目的が [図表1－1－1] の①の使用目的を有しているかを検討することになります。使用目的としては、医療機器として薬機法に基づく規制の対象となる以上、疾病（病気）に関連していることが基本となります。この点、①では、疾病の「診断」「治療」「予防」の三つが挙げられていますが、罹患してしまった疾病を改善したり悪化を防止するという「治療」や、特定の疾病への罹患を防止するという「予防」は内容がイメージしやすいと思います。これに対して「診断」という言葉は、ややイメージしにくいと思いますが、一般的には、「診断」とは、診察や検査などによって得られた

患者の様々な情報を医学的法則に当てはめ、疾患の名称、原因、現在の病状、今後の病状の予測、治療方針などについて判断する行為を意味するものと考えられています。したがって、このような判断行為を伴わず、単に身体に関する情報を取得するだけであれば、通常は「診断」には該当しないことになります。このように医療機器の該当性との関係では疾病の「診断」「治療」「予防」という使用目的が基本となりますが、仮にこのような目的は有していないとしても、身体に直接的に影響を及ぼす目的を有する物は、健康状態に重大な影響を及ぼす危険性があるため、薬機法で規制する必要があります。そのため、身体の構造、機能に影響を及ぼす目的を有する場合にも医療機器に該当しうるものとされています。

　もっとも、ある物が①の使用目的を有しているとしても、それだけで医療機器に該当するわけではなく、③政令のリストに列挙されていないものは医療機器には該当しません。政令のリストには数十項目にわたる様々な医療機器が列挙されていますが、その中には「医療用ピンセット」「血圧検査用器具」「体温計」などが含まれています。血圧計や体温計は医療以外の目的で使用されることは考えにくいので、このようにそのまま政令に記載されていますが、ピンセットは、例えば日常生活において小さなものを取るときなど、医療とは全く関係ない場面でも使用されることがあるため、必ずしも全てのピンセットが医療機器に該当するわけでありません。あくまでも「医療用」のピンセットのみが医療機器として政令に列挙されています。このように、上記①の使用目的、つまり疾病の診断、治療、予防や

4

身体の構造または機能への影響を及ぼす目的を有する物であればそのほとんどが薬機法施行令の別表第一に列挙されています。もっとも、例えばコロナ禍で脚光を浴びたように、マスクの中には疾病の予防を目的とする医療用のマスクもありますが、マスクは政令のリストには列挙されていないため、医療機器には該当しません。このように、ある②機械器具について医療機器の該当性を検討するときには、①の使用目的と③政令のリストの記載を検討する必要があります。

2 ヘルスケアアプリの医療機器該当性

一般的な医療機器についての話が長くなりましたが、手に触れられる「物」ではないヘルスケアアプリの医療機器該当性はどのように考えればよいのでしょうか。上記1にも記載したとおり、薬機法の医療機器の要件は、上記①の使用目的を有する②「機械器具等」であって、かつ、③政令のリストに規定されているものとされています。そうすると、手に取ることのできない無体物であるアプリは「機械器具等」には当たらず、医療機器には該当しないようにも思われますが、実は薬機法には「機械器具等」についても具体的な定義が規定されており、プログラムやこれを記録した記録媒体を含むものとされています。このように、薬機法上はプログラムも「機械器具等」に該当するものとされており、また、アプリには必然的にプログラムが組み込まれているため、ヘルスケアアプリも「機械器具等」に該当し、他の要件を満たせば医療機器に該当することに

[図表１－２－１]　医療機器に該当するプログラム（政令のリスト）

プログラム
1．疾病診断用プログラム（副作用または機能の障害が生じた場合においても、人の生命および健康に影響を与えるおそれがほとんどないものを除く） 2．疾病治療用プログラム（副作用または機能の障害が生じた場合においても、人の生命および健康に影響を与えるおそれがほとんどないものを除く） 3．疾病予防用プログラム（副作用または機能の障害が生じた場合においても、人の生命および健康に影響を与えるおそれがほとんどないものを除く）
プログラムを記録した記録媒体
1．疾病診断用プログラムを記録した記録媒体 2．疾病治療用プログラムを記録した記録媒体 3．疾病予防用プログラムを記録した記録媒体

なります。

　なお、上記③の要件に関し、[図表１－２－１]のとおり、薬機法施行令には、疾病診断用プログラム、疾病治療用プログラム、疾病予防用プログラムおよびこれらのプログラムを記録した記録媒体が医療機器として明記されており、この観点からもヘルスケアアプリは医療機器に該当しうることになります。

　ただし、[図表１－２－１]における括弧書きのとおり、薬機法施行令において、プログラムについては「副作用または機能の障害が生じた場合においても、人の生命および健康に影響を与えるおそれがほとんどないもの」は医療機器から除くものと規定されている点に注意する必要があります。したがって、プログラムの場合は[図表１－１－１]の①～③の各要件に加え

[図表1-2-2] プログラムに関する医療機器の要件

① 使用目的	疾病の診断、治療、予防に使用される目的、または身体の構造、機能に影響を及ぼす目的
② 機械器具等	機械器具、歯科材料、医療用品衛生用品並びにプログラムおよびこれを記録した記録媒体
③ 政令のリスト	薬機法施行令（医薬品、医療機器等の品質、有効性及び安全性の確保等に関する法律施行令）のリストに規定されているもの
④ リスクの程度	意図したとおりに機能しない場合に使用者の生命・健康に影響を与えるおそれ

て、④意図したとおりに機能しない場合に使用者の生命・健康に影響を与えるおそれ（リスクの程度）が医療機器に該当するための要件となります。そのため、プログラムが医療機器に該当するかを判断するにあたっては、①使用目的と④リスクの程度の要件について個別に検討する必要があります（[**図表1-2-2**]）。

　プログラムの医療機器該当性については、2021年3月に厚生労働省からプログラム医療機器ガイドライン（プログラムの医療機器該当性に関するガイドライン）が出され、2023年3月に改正されています。当該プログラム医療機器ガイドラインの内容も踏まえて、以下ご説明します。

(1) 使用目的

　上記のとおり、プログラムが医療機器に該当するには、疾病の診断、治療、予防などの使用目的が必要になります。この

点、ヘルスケアアプリのプログラムにおいては、「疾病の診断」の目的があるかどうかが問題となる場合が多く見られます。上記1にも記載したとおり、「診断」とは、診察や検査などによって得られた患者の様々な情報を医学的法則に当てはめ、疾患の名称、原因、現在の病状、今後の病状の予測、治療方針などについて判断する行為を意味するとされており、これらの事項について主体的に判断を行い、伝達する行為は「診断」に該当すると考えられています。言い換えると、医師以外の一般人が使用するヘルスケアアプリなどのプログラムについては、特定の個人の状態に対応して具体的な疾患名やその対処方法に関する医学的な判断を提示するかどうかが「診断」に該当するかを判断するにあたってのポイントになります。なお、プログラム医療機器ガイドラインの改定案においては、疾病の早期発見・早期診断につなげることなどを目的に、個人を特定して、具体的な疾病名を表示し、当該個人について当該疾病の罹患の有無、罹患している可能性または将来罹患する可能性を表示するプログラムは、「診断」に用いられるものとして医療機器該当性の判断を行うことになるとされています。

　これを踏まえて、プログラム医療機器ガイドラインにおいては、例えば、[**図表1－2－3**]に規定されるようなプログラムは、①使用目的の要件を満たさないため、医療機器には該当しないと規定されています。

(2)　リスクの程度

　リスクの程度に関連して、薬機法上、医療機器は、機能の障

[図表 1 － 2 － 3] ①使用目的の観点から医療機器に該当しないプログラム

患者説明を目的とするプログラム 1. 医療関係者や患者が家族に治療方法などを理解してもらうための患者説明用プログラム
院内業務支援、メンテナンスを目的とするプログラム 1. 医療関係者が患者の健康記録などを閲覧などするプログラム（過去に実施した患者への処置、治療内容、健康情報などを記録、閲覧または転送するもの） 2. 診療予約や受付、会計業務など医療機関における一般事務作業の負担軽減などを目的とした院内業務支援プログラム 3. 医療機関に医療機器の保守点検や消耗品の交換の時期などを伝達するメンテナンス用プログラム
使用者が自らの医療・健康情報を閲覧することなどを目的とするプログラム 1. 個人の健康記録を保存、管理、表示するプログラム 　医療機器などから取得したデータ（血糖値、血圧、心拍数、体重など）を使用者が記録（収集およびログ作成）し、そのデータを医療関係者、介助者、家族などと共有したり、オンラインのデータベースに登録、記録したりすることを可能にするもの（経時的表示や統計処理をした数値の表示を含む） 2. スポーツのトレーニング管理などの医療・健康以外を目的とするプログラム 　使用目的が競技力の向上、体力の向上などを目的として個人の適切な運動強度の設定や運動量の管理などのために用いられ、疾病の診断や病態の把握、疾病の兆候の検出を目的としていないもの（診断などに用いることが可能な情報を用いる場合を含む）

害などが生じた場合の健康被害リスクの高さに応じて、一般医療機器、管理医療機器および高度管理医療機器の3段階に分類され、当該分類に応じて規制の程度が異なることとされています。この分類は、医療機器の一般的名称ごとに、厚生労働省の

告示により定められていますが、その内容は、日米欧加豪の規制当局と産業界の代表で構成されるGlobal Harmonization Task Force（GHTF、医療機器規制国際整合化会議）におけるクラス分類の基準を基本として厚生労働省が定めたクラス分類ルールに整合しています。このクラス分類ルールにおいて、医療機器は、不具合が生じた場合に人体に与えるリスクの程度に応じて、一番リスクが低いクラスⅠから一番リスクが高いクラスⅣまでの4段階に分類されています。そして、クラスⅠに該当する医療機器が一般医療機器、クラスⅡに該当する医療機器が管理医療機器、クラスⅢまたはクラスⅣに該当する医療機器が高度管理医療機器に、それぞれ対応しています（[**図表1－2－4**]）。

　この図表のように、不具合が生じた場合でも人体へのリスクが極めて低いと考えられるものはクラスⅠ（一般医療機器）に分類され、薬機法上の規制も比較的簡易になります。この点、プログラムの場合には、このクラスⅠに相当する場合（すなわち、人体へのリスクが極めて低い場合）には、そもそも医療機器に該当しないこととされ、薬機法に基づく規制を受けない取扱いとされています。したがって、よりリスクの高いクラスⅡ（不具合が生じた場合に人の生命・健康に影響を与えるおそれがあるもの）以上に相当するリスクがあると評価されるプログラムの場合のみ、他の要件を満たせば医療機器に該当することになります。

　プログラム医療機器ガイドラインにおいては、以下の［**図表1－2－5**］に記載されるようなプログラムは、クラスⅠ（一

[図表1-2-4] 医療機器一般(プログラムを除く)のクラス分類

クラス分類	不具合が生じた場合のリスク	薬機法上の分類	具体例
クラスIV	生命の危険に直結するおそれ	高度管理医療機器	ペースメーカ、麻酔脊髄用針、体内固定用ボルト、人工角膜、人工呼吸器など
クラスIII	人体へのリスクが比較的高い		
クラスII	人体へのリスクが比較的低い	管理医療機器	X線診断装置、電子聴診器、心電図モニタ、内視鏡用テレスコープ、採血セットなど
クラスI	人体へのリスクが極めて低い	一般医療機器	握力計、外科用テープ、ギプス包帯、メス、はさみなど

般医療機器)と同等の処理を行うものとして、医療機器には該当しないものとされています。

　プログラムに関して、厚生労働省のクラス分類ルールによってもクラスが判断し難い場合は、(i)医療機器プログラムにより得られた結果の重要性に鑑みて疾病の治療、診断などにどの程度寄与するのか(寄与度)と、(ii)医療機器プログラムの機能の障害などが生じた場合において人の生命および健康に影響を与えるおそれ(不具合があった場合のリスク)を含めた総合的なリスクの蓋然性がどの程度あるかを考慮することになります。

　(i)寄与度とは、プログラムより得られた結果の重要性に鑑みて疾病の治療、診断などに影響を与える程度のことです。プロ

[図表1－2－5]　クラスⅠ（一般医療機器）と同等の処理を行うプ
　　　　　　　　ログラム

1．汎用コンピュータなどを使用して視力検査および色覚検査を行
　うためのプログラム（一般医療機器の「視力表」や「色覚検査表」
　と同等の機能を発揮するプログラム）
2．携帯情報端末内蔵のセンサなどを用いて、体動を検出するプロ
　グラム（一般医療機器の「体動センサ」と同等の機能を発揮する
　プログラム）
3．「ディスクリート方式臨床化学自動分析装置」などの一般医療
　機器である分析装置から得られた測定値を転送、補完、表示（グ
　ラフ化）するプログラム
4．添付文書の用法用量・使用上の注意や、治療指針、ガイドライ
　ンなど公知の情報に基づき薬剤の投与量を計算し、計算結果を医
　師、歯科医師または薬剤師などに提示するプログラム（薬物投与
　支援用プログラム）
5．CT撮像装置や歯科用の3Dスキャナなどから得られた患者の
　歯列形状のデータを用いてコンピュータ上で仮想的な歯列模型を
　表示し、有体物の歯科模型から得られる情報と同等の情報（歯列
　の現在の形状や歯の位置関係や角度、距離など）のみを提示する
　プログラム（歯列模型表示プログラム）

グラムより得られた結果が、疾病の名称、原因、現在の病状、
今後の病状の予測、治療方針などの医学的判断を左右するので
あれば、寄与度は高く、当該プログラムは医療機器に該当する
方向に傾くことになります。他方、プログラムにより得られた
結果が、辞書や公知のガイドライン、過去の統計情報などの一
般的な情報にとどまり、医学的判断の参考にされる程度なので
あれば、寄与度は低いと考えられます。

　寄与度の判断については、当該プログラムの使用者が医師な
どの医療従事者であるか、患者などの一般人であるかも影響す

ることになります。使用者が医師などの医療従事者の場合は、使用者自身が医学的な知見を有しており、自らの知見が医学的判断に大きく影響するため、相対的にプログラムの寄与度は低くなると、一般的には考えられることになります。これに対して、使用者が一般人の場合、プログラムにより得られた結果により、医療機関を受診するかどうかなどについて使用者が自己判断を行ってしまう可能性が考えられるため、使用者が一般人の場合には一般的に寄与度が高くなると言えます。ヘルスケアアプリの場合、通常は一般人を対象としているため、プログラムにより得られた結果をどのように表示するかという点も含めて、当該プログラムの寄与度について慎重に検討する必要があります。

　次に、(ii)不具合があった場合のリスクについては、プログラムの不具合により誤った情報などが提示された場合に、患者の生命・健康に与える危害の程度と、当該危害が生じる蓋然性の組合せにより判断されることになります。例えば、重篤な疾病に関する治療方針の決定の支援を行うプログラムの場合、誤った情報は患者の生死に直結するおそれがあるため、不具合があった場合に患者の生命・健康に与える危害の程度が大きいことになります。また、危害が生じる蓋然性については、プログラムの作成者が独自に開発した計算式やアルゴリズムに基づく分析結果を提示する場合など、分析方法を検証することができない場合には、プログラムの使用者がその不具合を検知することは困難であり、不具合が生じた場合に危害が生じる蓋然性が高くなると考えられます。

ここまで記載した基準を踏まえて、以下のとおり、特定のプログラムの医療機器該当性を具体的に判断することになります。

　上記のとおり厚生労働省により各医療機器の一般的名称が定められていますが、まず、当該プログラムの仕様（想定される使用者、入力情報、出力情報など）、使用目的（治療支援、診断支援など）などに応じ、そのクラス分類や定義から見て適切と思われる一般的名称を検索します。なお、一般的名称に「●●プログラム」と記載されているものは、2023年1月16日現在で185種類存在します。当該プログラムについて該当する一般的名称が存在する場合には、原則として、当該プログラムは相当する一般的名称の医療機器に該当することになります。一方、該当する一般的名称が存在しない、または、分からない場合は、プログラム医療機器ガイドライン別紙の「医療機器該当性に係るフローチャート」に従って医療機器該当性を判定することになります。

　なお、医療機器ではないものについて、医療機器と誤認させるような製品が流通することは保健衛生上の観点からも好ましくないため、医療機器に該当しないことを確認したプログラムについては、利用者による誤解を防ぐために、「当該プログラムは、疾病の診断、治療、予防を目的としていない」または「当該プログラムは医療機器ではない」旨の記載、表示を行うことが望ましいとされています。

　また、厚生労働省のウェブサイトにおいて「医療機器プログラム事例データベース」が公表されており、幾つかの事例が、

当該事例についての厚生労働省の判断のポイントと共に紹介されているので、実際の検討にあたっては参考になります。当該「医療機器プログラム事例データベース」においては、ヘルスケアアプリについて、[**図表1-2-6**]のような事例が掲載されています。

[**図表1-2-6**] 医療機器プログラム事例データベースにおけるヘルスケアアプリの事例

〈医療機器に該当する事例〉

対象プログラム	製品概要	判断ポイント
片頭痛支援アプリ	片頭痛患者を対象としたサポートアプリ。主な機能は以下のとおり。 ・公知ではない独自のアルゴリズムで患者の症状からどの分類の頭痛（片頭痛など）に当たるか判定する機能 ・病院検索機能 ・片頭痛に関する啓発コンテンツや情報配信機能 ・患者情報記録機能	独自アルゴリズムで疾病の診断補助を行う
皮膚疾患相談アプリ	利用者がアップロードした皮膚疾患部の写真を分析し、皮膚疾患候補を提示する。提示された皮膚疾患候補に適したOTC医薬品を提案し、OTC医薬品の選定の手助けを行う。	疾病の診断を行い、最適な治療薬を提案する
腰痛治療補助アプリ	慢性腰痛患者を対象とし、行動変容メニューをアプリで行	疾病の治療を補助し、個々の患者に対し行動

| | うことで腰痛治療の補助を行う。患者用アプリと医師用アプリにより構成される。
患者用アプリでは、患者ごとに最適化された認知行動療法に関する動画を提案し、認知再構成法を基本としたセルフケアトレーニングの支援を行う。
医師用アプリでは、患者の入力内容をグラフ表示で可視化し、適切なアドバイスを提供することを可能にする。 | 変容を伴う治療提案を行う |

〈医療機器に該当しない事例〉

対象プログラム	製品概要	判断ポイント
バイタル情報共有アプリ	別の医療機器で測定した酸素飽和度、拍動数、歩数、消費カロリーのデータを加工・処理せず情報端末機器へ記録、グラフ化する。	個人情報を転送・表示・保管するのみ
救急相談チャットボットアプリ	急な病気やけがをしたとき、該当する症状をチャットで選択していくと、総務省消防庁の緊急度判定プロトコル(「消防庁プロトコル」)により、緊急度に応じた情報が表示され、病院受診や救急車を呼ぶかの判断の一助になる。	個人での使用を想定し、消防庁プロトコルに沿って、利用者へ公知の情報提供のみを行う
術前・術後患者支援アプリ	術前・術後の患者に対し一般的な情報を提供したり、患者情報を管理するプログラム。	患者が自身の情報を記録し、術前・術後に関する一般的な情報提供

	主な機能は以下のとおり。 ・術前・術後に関する情報コンテンツ(記事／動画など)閲覧機能 ・自身の QOL（体重／食事量／体調を含む）を記録・管理する機能 ・自身の検査結果を記録・管理する機能 ・自身の服用薬を記録・管理する機能	のみを行う
ワクチン接種記録・抗原検査結果記録アプリ	新型コロナウイルス感染症のワクチン接種、抗原検査結果の記録を表示するアプリ。	ワクチン接種や抗原検査結果の記録を表示するのみ
COVID-19検査情報共有アプリ	COVID-19検査に関する情報の共有アプリ。以下のアプリで構成される。 ・COVID-19関連検査受診者に検査結果を表示するアプリ ・検査受診者の検査結果を入力し、上記の受診者のアプリに送信するアプリ ・抗原検査キットの検査結果を登録・送受信機能が追加になったプログラム。本アプリで抗原検査キットの検査結果判定は行わない	・疾病に関する検査結果の表示のみを行う ・検査データの送受信機能および上記のアプリを利用したイベント情報を発信するだけ ・抗原検査キットの検査結果を登録・送受信するだけ
データ転送アプリ	医療機器であるパルスオキシメータで測定した血中酸素測定値を転送・表示する。	データを転送・表示するのみ
強迫性障害治療支援ア	強迫性障害の患者向けの治療支援アプリ。	治療のために患者が自身の状態を記録するこ

| プリ | Y-BOCS評価尺度や不安階層表作成フォーマットなどに沿って患者が自身の状態を記録することで治療支援を行う。 | とを支援するプログラムであり、クラスⅠ医療機器相当に当たる |

3 医療機器に関する許認可

(1) 医療機器の承認・認証

　プログラムが医療機器に該当する場合、当該プログラムは薬機法に基づく規制の対象となりますが、具体的に必要となる許認可はクラス分類ごとに異なります。

　そもそも、医療機器を製造販売するためには、当該品目についての承認、認証または届出のいずれかが必要になります。医療機器の承認は厚生労働大臣が行いますが、その承認審査は、独立行政法人医薬品医療機器総合機構（PMDA）が行います。承認が必要となるのが原則ですが、比較的リスクが低く、基準を定めることにより製品の有効性および安全性を確保することができるクラスⅡおよびクラスⅢの医療機器については、告示による認証基準に適合する場合、認証機関として厚生労働大臣の登録を受けた民間の第三者機関である登録認証機関による認証を受けることで足りることになります。認証は、個別に有効性および安全性を審査する必要がある承認とは異なり、定められた基準に適合しているか否かを確認するものであるため、承

認に比べて短期間で行うことができ、より早期に製品の製造販売を行うことが可能となります。また、最もリスクの小さい一般医療機器については、承認も認証も不要であり、届出を行うことにより製造販売することができるようになります。

　プログラムについて検討すると、最もリスクの低いクラスⅠに該当するプログラムは、上記のとおり医療機器に該当しないため、当然ながら薬機法上の許認可は不要となります。次に、クラスⅡに該当するプログラムは、薬機法上「管理医療機器」に該当し、承認または認証を受けなければなりません。そして、クラスⅢまたはクラスⅣに該当するプログラムは、薬機法上「高度管理医療機器」に該当し、原則として承認が必要になります。クラスⅢの高度管理医療機器については、管理医療機器と同様に、認証基準に適合する場合は認証によることができます。

　また、医療機器について、承認・認証された事項の一部を変更しようとするときには、承認・認証事項の変更に係る手続が必要となります。なお、一部の変更であったとしても、その変更により当該品目の同一性が失われるような本質的な変更の場合や販売名の追加を行うような場合には、承認・認証を受けた医療機器とは別の品目として、新規の承認・認証を受ける必要があります。一方、本質的な変更などに至らない一部変更の場合は、承認・認証のいずれの場合も、[図表1－3－1]のとおり、使用目的または効果の追加・変更などの場合には、その一部変更についての承認・認証が必要であり、これに該当しない軽微な変更の場合には、変更後30日以内に届出をすることで足

[図表１－３－１] 一部変更承認（認証）と軽微変更の対象

一部変更承認（認証）	・使用目的または効果の追加、変更または削除 ・病原因子の不活化または除去方法に関する変更 ・その他、製品の品質、有効性および安全性に影響を与えるもののうち、厚生労働大臣が承認（認証）を受けなければならないと認めるもの ➤製品の品質、有効性または安全性に係る既存リスクを増大させるまたは新たなリスクを生じさせる変更であって、人の生命および健康に与える影響が明らかに軽微であるとは言えないもの ➤その変更によって製品の品質、有効性および安全性に与える影響が十分に推定できず、人の生命および健康に与える影響が明らかに軽微であるとは言えないもの ➤製品の形状、構造の変更であって、製品の同一性が損なわれないことが明らかでないもの（小規模な変更であって、繰り返すことにより製品の同一性が損なわれるもの、形状の著しい変化により製品の同定を困難にする変更、大幅な構造の変更により実質的に使用方法などを変化させる変更など）
軽微変更	・構造、機能などの変更を伴わない構成品の名称などの変更 ・併用する医療機器などの名称などの変更 ・製品の品質、有効性および安全性に与える影響が明らかに軽微な、製品各部の寸法、サイズなどの変更 ・使用目的、使用方法が同等である既承認（認証、届出）の別品目の併用医療機器を、併用医療機器として追加する変更、または既に規定されている併用医療機器の当該併用医療機器への変更 ・製品の品質、有効性および安全性に与える影響が明らかに軽微な、構成品、付属品または併用医療機器のバリエーションの削除 ・既存品との比較試験を設定している場合における、

> 実質的な変更を伴わない比較試験の設定対象の医療
> 機器の記載の変更製品の品質、有効性および安全性
> に与える影響が明らかに軽微な製品規格の変更
> ・承認（認証）事項に変更がない計量単位の変更

りることになります。

⑵ 薬機法の業規制

　医療機器は国民の生命および健康に関わる製品であることか
ら、これを業として取り扱う者は、薬機法に基づく許可を受
け、厳格な規制の下で業務を行うことが求められています。そ
のため、プログラムが医療機器に該当する場合、プログラム自
体についての承認または認証のほかに、その製造販売を業とし
て行う者には医療機器製造販売業の許可が必要になります。対
象となる医療機器のクラスに応じて必要となる許可が異なって
おり、具体的には、クラスⅡの医療機器プログラムについては
「第二種医療機器製造販売業許可」が、クラスⅢおよびクラス
Ⅳの医療機器プログラムについては「第一種医療機器製造販売
業許可」がそれぞれ必要とされます。

　以上を取りまとめると、以下の［図表1－3－2］のとおり
となります。

　上記のほか、医療機器プログラムの設計を行う者は、医療機
器の「製造業」の登録が必要になります。医療機器プログラム
の記録媒体については、日本国内における最終製品の保管者に
ついても同様に製造業の登録が必要です。

　また、医療機器プログラムの流通形態としては、使用者が

クラス分類	不具合が生じた場合のリスク	薬機法上の分類	承認など	製造販売業
クラスⅣ	生命の危険に直結するおそれ	高度管理医療機器	承認	許可（第一種）
クラスⅢ	人体へのリスクが比較的高い		承認／認証（認証基準に適合する場合は認証。認証基準がない品目または認証基準に適合しない場合は承認）	
クラスⅡ	人体へのリスクが比較的低い	管理医療機器		許可（第二種）
クラスⅠ	人体へのリスクが極めて低い	非医療機器（プログラムの場合）	N/A	N/A

ウェブページからダウンロードしてインストールする方法、クラウド上のプログラムを使用者がライセンス購入する方法、プログラムの記録媒体からインストールする方法などがありますが、これらの方法により医療機器プログラムを一般に提供する者は、別途、「販売業」の許可（高度管理医療機器の場合）または届出（管理医療機器の場合）が必要になります。

4　スマートウォッチ・AI

　スマートウォッチなどのウェアラブル端末やAIについても、これらを用いてヘルスケアに関するサービスが提供されること

があります。この点、スマートウォッチやAIを用いてヘルスケアに関するサービスを提供するためにも一定のプログラムの存在が前提になりますので、ここまで記載したヘルスケアアプリのプログラムに関する議論は、基本的にはスマートウォッチやAIにも当てはまります。

ウェアラブル端末は、スマートウォッチなどの有体物である端末の存在が前提となる点において、単なるヘルスケアアプリとは差異がありますが、[**図表1−2−1**]のとおり、医療機器の要件となる政令のリスト（[**図表1−2−2**]③の要件）においては、単なるプログラムだけでなく、「プログラムを記録した記録媒体」が記載されています。したがって、ウェアラブル端末については、プログラムを記録した記録媒体としての端末そのものについても医療機器該当性が問題になり、ヘルスケアアプリの場合と同様の基準を用いて医療機器該当性を判断することになります。

この点、厚生労働省のウェブサイトにおける「医療機器プログラム事例データベース」によれば、心電図や血圧を測定、管理するウェアラブル端末は、心電図や血圧を測定し、疾病の有無を判断することになるので、医療機器に該当するものとされています。

次に、AIを用いた医療機器においては、市販後に取得された新たなデータを使用することによって、絶えずその性能を改良していくことが想定されていることが多くあります。こうした特徴を有するAIを用いた医療機器について、変更の度に一部変更承認の審査を必要とすると、細かい改良が不可能になるばか

りか、承認審査に時間を要することや、承認時期が必ずしも事前に明らかではないことから、製品の改善・改良を図る負担が大きく、AIを用いる意味が相当程度害されてしまいます。そこで、2019年の薬機法改正により、承認事項の変更管理についての柔軟性および予見性を高めるため、一部変更承認と軽微変更の言わば中間に位置する手続として、変更計画確認制度（Improvement Design within Approval for Timely Evaluation：IDATEN）という手続が導入されました。IDATENは、承認取得者が承認事項の一部を変更しようとする際に、変更に係る計画を策定した段階で、変更計画について審査当局の確認を受けることができ、その後に変更計画に従った変更を行う場合には、届出により承認事項の変更を可能とするものです。変更計画に従った変更でない場合にも、変更計画を活用した審査を行うことにより、迅速な一部変更承認の審査が可能となります。なお、認証品目はIDATENの対象にはなっていません。

　従来、承認取得者は、一部変更承認の承認申請資料として必要なデータなどを全て収集した上で承認申請を行う必要がありました。IDATENを用いる場合、あらかじめ変更計画について審査当局の事前確認を受けた上で、必要なデータなどを収集し、変更計画で予定したとおりの変更が実現されていることを検証できるデータなどが収集されている場合には、30日前までに事前届出を行うことが認められています。これにより、一部変更承認が不要となり、迅速に承認事項の変更を行うことが可能となります。

　なお、AIを用いた医療機器の場合、承認を受けた新規製品の

製造販売後に収集されるデータに基づいて早期にバージョン
アップを行うことが販売当初から予定されている場合には、新
規の承認申請に関する手続と並行して、予定されている変更に
関する変更計画の確認を当初から受けておくことも可能です。
このように、IDATENの手続を活用することにより、新規製品
の販売直後から機動的な改良を行うことも可能となると考えら
れます。

第 2 章

医療DXと医療法・医師法

1 医療DXとは―電子カルテ、電子処方箋、医療現場手続のデジタル化、そしてその先へ―

　2022年９月に「医療DX令和ビジョン2030」厚生労働省推進チームが設置され、医療分野におけるデジタルトランスフォーメーション（DX）推進のための制度整備に向けた議論が本格化しています。この「医療DX令和ビジョン2030」厚生労働省推進チームでは、電子カルテに関わるものとして、電子カルテ情報の標準化、標準型電子カルテの検討が掲げられているほか、全国医療情報プラットフォームの創設、診療報酬改定DXも取り上げられています。また、2022年６月に閣議決定された「規制改革実施計画」においては、2023年１月からの電子処方箋システムの運用開始に向けた普及のための各種措置や、医療現場の負担軽減のための手続のデジタル化（署名や押印の廃止など）も掲げられています。医療DXはこれらの取組に限られるものではなく、広くオンライン診療・オンライン服薬指導や、医療現場におけるロボット・AIの活用といった取組も含まれます。医療分野は、医療法、医師法をはじめとして、様々な規制の対象とされていますので、医療DXのための新たな取組を行うに際しては、医療に関わる各種規制に注意する必要があります。この章では、医療DXに関連する医療に関わる規制を概説します。

2 医療資格に関する規制―医業とは―

　医療に携わる関係者には、それぞれの役割に応じて、様々な資格が設けられています。医師、薬剤師、看護師、保健師、理学療法士、作業療法士、視能訓練士、臨床検査技師など、医療に関わる資格は実に多種多様です。医療に関わる行為を行う場合には、その行為内容によっては、これらの資格が必要となる可能性があります。これはすなわち、医療や健康に関わる行為についてDXを図り、デジタルツールや技術の導入で代替・補完しようとする場合に、その行為内容次第では、これらの資格を求める法規制に抵触しかねないことを意味します。

　例えば、医師法では、医師でなければ医業を行ってはならないとされています。医業とは、医行為を業として行うことであると考えられています。医行為が何を指すかについては、2020年の最高裁判所の決定において、医療や保健指導に属する行為のうち、医師が行うのでなければ保健衛生上危害を生ずるおそれのある行為であるとされていますが、具体的にどのような行為が医行為に該当するかについては、行為の方法や作用、目的、行為者と相手方との関係、行為が行われる際の具体的な状況などを踏まえて個別の事例ごとに判断する必要があり、必ずしも明確ではありません。タトゥーショップの彫り師によるタトゥー施術行為が医行為に当たるかについて最高裁判所まで争われ、最終的に医行為に当たらないと判断されて無罪となったケースがありましたが、どこからが（あるいは、どこまでが）

医行為に当たるかは非常に難しい問題です。

　医行為に当たるかどうかが実際に問題となりうる例としては、チャット機能などでユーザーの健康相談に応じる場合や、検査や測定したデータに基づきユーザーの健康状態や疾病リスクについて情報提供する場合、さらには、けが、疾病や障害を抱えるユーザーのために、リハビリやトレーニング、食事の指導を行う場合も考えられます。

　医行為に当たる場合、当たらない場合については、従来から厚生労働省が発出している通知において幾つか行為が例示されているものがあるほか、2014年3月に厚生労働省と経済産業省が公表した「健康寿命延伸産業分野における新事業活動のガイドライン」においても一定の考え方が示されています（[**図表2−2−1**]）。

　また、産業競争力強化法に基づくグレーゾーン解消制度において、申請事業者がその事業内容について医行為に当たるか照会を行っているものがあり、その照会結果が厚生労働省や経済産業省のウェブサイトで公表されています。

　ほかにも厚生労働省が定める「オンライン診療の適切な実施に関する指針」においては、医師でなくともできる遠隔健康医療相談として、一般的な医学的な情報の提供や、一般的な受診勧奨にとどまり、相談者の個別的な状態を踏まえた疾患の罹患可能性の提示・診断などの医学的判断を伴わない行為であることが定められています。

　実際に想定されている行為が医行為に当たるかを検討するにあたっては、これらの参考情報と照らし合わせて判断すること

[図表 2 − 2 − 1] 　健康寿命延伸産業分野における新事業活動のガイドライン掲載事例

事業の類型	医行為に当たらない場合	医行為に当たる場合
医師が出す運動・栄養に関する指導・助言に基づき、民間事業者が運動指導・栄養指導を行うケース	・無資格者である民間事業者が、医師からの運動・栄養に関する指導・助言に従い、その範囲内で、医学的判断・技術を伴わない方法（例えば、ストレッチやマシントレーニングの方法を教えることや、ストレッチやトレーニング中に手足を支えること）により、疾病などの予防のための運動・栄養指導サービスを提供する場合	・無資格者である民間事業者が、傷病や障害を有する者に対して、自ら診断などの医学的判断を行い、運動・栄養指導サービスを提供する場合 ・無資格者である民間事業者が、傷病や障害を有する者に対して、医師からの運動・栄養に関する指導・助言の範囲を超えて、医学的判断・技術を伴う方法により運動・栄養指導サービスを提供する場合
簡易な検査（測定）を行うケース	・検体を採取する際に、利用者が自ら検体を採取した上で、民間事業者が、検査（測定）後のサービス提供として、検査（測定）結果の事実や検査（測定）項目の一般的な基準値を通知する場合	・検体を採取する際に、無資格者である民間事業者が利用者から検体を採取する場合 ・無資格者である民間事業者が、利用者に対して、個別の検査（測定）結果を用いて、利用者の健康状態を評価するなどの医学的判断を行った上で、食事や運動などの生活上の注意、健康増進に資する地域の関連施設やサービスの紹介、利用者からの医薬品に関する照会に応じたOTC医薬品の紹介、健康食品やサプリメントの紹介、より詳しい健診を受けるように勧めることを行う場合

が重要となります。医師法に違反して医師でないにもかかわらず医業を行ってしまった場合には、刑事罰の対象となりますの

で、医行為に当たらないとするには慎重な判断を要します。前述のとおり医行為に当たるかの判断基準は明確ではありませんが、医師の医学的判断や技術のように、訓練を要するような特殊なノウハウや技術が必要となる行為か、また、仮に判断や技術のミスがあった場合にその行為から生じる可能性がある人体への危害やリスクの内容、程度がどのようなものかは重要な考慮要素になると考えられます。

3　病院に関わる各種規制

　医療DXは、医療現場に関わるものですので、必然的に、医療が行われる病院やクリニックが関連します。病院やクリニックについても各種規制が定められていますので、これらの医療施設に関わる規制にも注意が必要となります。

　そこでまず正確に理解しておきたいのは、病院、クリニックとは何を指すものでしょうか。病院と診療所（クリニック）は、医療法で定義されているのですが、これらはあくまで医師が医療を行う施設であって、会社のような法主体ではありません。医療法人や医師個人といった法主体が、病院・診療所を開設するのであり、病院・診療所が独立した法主体となるものではありません。病院は20床以上の病床を有する施設を言い、診療所は無床または19床以下の病床を有する施設を言います。

　病院・診療所や医療法人については、医療法をはじめ、特殊な規制が設けられています。医療DXにおいて重要となる規制としては、①業務内容に関する規制、②非営利性の原則、③医

[図表2−3−1] 医療DXと病院に関わる規制

規制内容	医療DXとの関係で問題となりうる場面の例
業務内容に関する規制	DXを通じて病院で実施する業務内容が、医療法人に認められる業務範囲に収まるか
非営利性の原則	DXにより営利企業と連携する場合に、連携内容によって医療法人が非営利性の原則に抵触しているとされないか
医療広告規制	DXを通じて病院に関する情報を対外的に発信する場合に、その内容や方法が医療広告規制に抵触しないか
患者紹介に関する規制	DXを通じて病院患者の送客を受ける場合に、患者紹介に関する規制に抵触しないか

療広告規制、④患者紹介に関する規制が挙げられます（[**図表 2−3−1**]）。以下、各規制についてそれぞれ紹介します。

⑴ 業務内容に関する規制

　医療法人は、病院や診療所などの開設を目的として設立される法人であるため、医療法上、その業務範囲が厳格に規制されています。

　まず、医療法人の本来業務として、病院や診療所、介護老人保健施設、介護医療院の開設が認められています。そして、これらの施設の業務に支障がない限り附帯業務を行うことが可能とされています。附帯業務については、医療関係者の養成所、医学・歯学に関する研究所、疾病予防運動施設、疾病予防温泉利用施設、保健衛生に関する業務（薬局、衛生検査所、居宅サービス事業、居宅介護支援事業、介護予防サービス事業、介護予防支

援事業、助産所、サービス付き高齢者向け住宅など）、有料老人ホームなど、医療法で個別に列挙されており、より具体的な内容が厚生労働省の通知で定められています。医療法で明記されている附帯業務とは別に、病院内の売店や敷地内の駐車場など一部の附随的な業務については附随業務として行うことが可能とされており、その内容については厚生労働省の通知で定められています。

社会医療法人として都道府県知事の認定を受けた場合には、これら以外にも収益業務を行うことが認められていますが、社会医療法人としての認定を受けない限り、医療法人が行うことが可能な業務は、本来業務、附帯業務、附随業務のいずれかに含まれる必要があります。

附帯業務は医療法で限定的に列挙されていますし、附随業務についてはあくまで本来業務に附随するものとして一部厚生労働省通知により定められているものですので、医療法人は、自由に独自の業務を行うことが認められているものではないことに注意を要します。例えば、広告事業や情報通信事業を医療法人が広く行うことが認められているものではありません。

医療DXによりデジタルツールや技術を導入することによって、医療法人が、患者や製薬企業、データ事業者などに対して、情報通信サービスやデータ販売、オンラインプラットフォームサービスといった新規の業務を行うことにならないかが問題となる可能性があります。仮に新規の業務を行うことになる場合は、医療法で認められている医療法人の業務範囲規制に収まるものか、検証が必要となります。特に附随業務につい

ては、法律で定められているものではなく、厚生労働省の通知である程度限定的に認められているものであることから、DXにより何か新しいサービスを提供することになる場合には、医療法人の業務範囲に含まれていると言えるものか、慎重に検討する必要があります。

　また、病院の業務内容に関わる規制として、病院の業務委託規制にも注意を要します。医療法上、検体検査、滅菌消毒、患者給食、患者搬送業務、医療機器・ガス供給設備の保守点検業務、寝具類の洗濯業務、清掃業務といった業務を外部委託する場合には、委託先が所定の基準に適合している必要があり、自由に委託することは認められていません。そのため、これらの業務委託規制の対象となる業務（例えば、検体検査）について、DXを通じて従来の外部委託の商流・契約関係に他のプラットフォームや事業者を介在させる場合には、この業務委託規制で求められる要件をどの事業者が満たす必要があるかが問題となる可能性があります。実際の商流・契約関係によっては、委託先となる事業者が医療法で求められる基準に適合しないものとして外部委託が認められないことも考えられます。

　このようにDXを通じて、従来病院内で実施していた業務の実施方法やオペレーションが変容し、その結果、医療法人（病院）が新たなサービスを提供することになったり、外部業者に委託することになったりすることが考えられますが、その場合には、医療法上の業務範囲規制、外部委託規制に抵触しないか慎重な検討が必要となります。

⑵ 非営利性の原則

　病院や医療法人には非営利性の原則があると一般的に言われていますが、「非営利性の原則」を明示的に定めた規定が医療法上設けられているわけではありません。医療法上は、営利を目的として病院や診療所を開設しようとする者に対しては、開設許可を与えないことができるとされているほか、医療法人は剰余金の配当をしてはならないとされています。これらの規定を通じて、営利法人が実質的な病院の開設・経営主体となることや、病院からその収益を実質的に吸い上げることが規制されていると考えられています。

　非営利性の原則については、厚生労働省が発出した通知で具体的な考え方が示されています。まず、病院の開設申請者が実質的にその開設・経営の責任主体たりうるか、営利を目的とするものでないかを審査するにあたって、開設主体、設立目的、運営方針、資金計画などを総合的に勘案するとされています。また、病院の管理者や医療法人の役員については、原則として病院の開設・経営上利害関係がある営利法人の役職員を兼務することが禁止されており、例外的に兼務が認められる場面は限定的に定められています。さらには、病院が必要とする土地・建物を賃借する場合は、賃貸借登記をすることが望ましいことや、賃借料が病院の収入の一定割合とするものではないことなどが定められています。

　実際にどのような場合に、会社などの営利法人が実質的に病院の開設・経営を行っていると評価されるかは明確でなく、個

別の事例ごとに、事実関係を踏まえて総合的に判断する必要があります。厚生労働省の通知で示されている考え方に照らせば、以下の点は考慮要素になると考えられます。

・病院の人事権、職員の任免権、職員の基本的な労働条件の決定権といった権限を誰が掌握しているか

・病院の収益・資産・資本の帰属主体、損失・負債の責任主体が誰か

　病院が医療DXのためのプラットフォームなどを提供する企業と提携し、その提携内容として、企業に対して病院経営に介入・関与する権限を認めたり、企業との間で収益分配のような取決めを行う場合には、医療法上の非営利性の原則に抵触しないかを慎重に検討する必要があります。例えば、企業が病院の経営上の重要事項や人事に関する決定を事実上行っている場合は、その企業が実質的に病院の意思決定を支配していると評価されるおそれが高まります。また、システム連携を通じて、医療法人側は固定収入を得る一方で、実質的に病院経営の損益を企業が負担するような経済条件を合意した場合には、病院の損益の帰属主体が営利企業であり、実質的に病院から損益の分配が営利企業に対してなされているのではないかとの疑義が生じかねません。そのため、病院と企業との間で、病院経営に関する権限付与や収益分配の取決めを行う場合には、非営利性の原則に抵触しないか注意して設計する必要があります。

⑶　医療広告規制

　医療DXにおいて、病院の情報を対外的に発信するようなプ

ラットフォームやサービスを活用することも考えられますが、その際に注意が必要となるのが医療法上の医療広告に関する規制です。

　医療法により、医業や病院・診療所に関する広告については、以下のものが禁止されています。
・虚偽広告
・比較優良広告
・誇大広告
・公序良俗に反する内容の広告
・広告可能事項以外の広告
・患者などの主観に基づく、治療などの内容・効果に関する体験談
・治療などの内容・効果について、患者などを誤認させるおそれがある治療などの前・後の写真など

　これらの規制の詳しい内容については、厚生労働省が定める「医療広告ガイドライン」やガイドラインに関するQ&Aに示されています。

　医療広告規制は、広く医療広告を行う場合に適用されるものです。病院や医療法人、医師にのみ適用されるものではなく、規制対象の主体は限定されていません。したがって、病院に関する情報を発信する事業者も医療広告規制の対象となり、違反した場合には刑事罰の制裁が科される可能性がありますので、注意を要します。

　医療広告規制の特徴として、広告可能事項以外の広告が禁止されている点が挙げられます。医療広告においては、医療法で

列挙されている広告可能事項の広告のみが認められており、他の事項については広告できないものとされています。広告可能事項については、診療科名、電話番号、診療時間、医師の略歴など、医療法で具体的に列挙されており、医療広告ガイドラインでより詳細な記載内容が示されています。「専門外来」という表記や、死亡率・術後生存率、未承認医薬品による治療内容については、いずれも広告可能事項に挙げられていないため、広告が禁止されています。

　ただし、この広告可能事項の限定に関する規制は、限定解除の要件（[図表２－３－２]）を満たす場合には、適用されないこととなります。これらの要件のうち、患者などが自ら求めて入手するものであると言えるかについては、インターネット上のバナー広告や、検索サイト上で例えば「癌治療」を検索文字として検索した際にスポンサーとして表示されるもの、検索サイトの運営会社に対して費用を支払うことによって意図的に検

[図表２－３－２]　医療法の広告可能事項の限定解除要件

要件
医療に関する適切な選択に資する情報であって患者などが自ら求めて入手する情報を表示するウェブサイトその他これに準じる広告であること
表示される情報の内容について、患者などが容易に照会ができるよう、問合せ先を記載することその他の方法により明示すること
自由診療に係る通常必要とされる治療などの内容、費用などに関する事項について情報を提供すること
自由診療に係る治療などに係る主なリスク、副作用などに関する事項について情報を提供すること

索結果として上位に表示される状態にしたものは、この要件を満たさないと考えられています。すなわち、ユーザーが検索して表示するものであれば、全て広告可能事項の限定解除が認められるとは限りません。そのため、病院に関する情報を提供するシステムを構築するに際しては、検索結果がどのような方法、内容で表示されるかを踏まえて、広告可能事項の限定解除が認められるかを慎重に判断する必要があります。

　これらの医療法に基づく医療広告の規制は、医業や病院・診療所に関する情報提供が医療広告に該当する場合に適用されるものです。逆に言えば、医療広告に該当しない場合には、医療法上の医療広告規制の対象とはなりません。医療広告とは、誘引性と特定性のいずれの要件も満たすものを言うと考えられています（[**図表2-3-3**]）。医療広告に当たるかは実質的に判断されますので、具体的な病院名が記載されていないとしても、表示されている情報から病院が特定可能である場合や、いわゆるステルスマーケティングのように病院が広告料などの費用負担の便宜を図って掲載依頼している場合には、実質的にこれらの要件を満たすと判断され、医療広告規制の対象と判断される可能性があるため注意を要します。

　医療DXにおいて、病院や医師の情報を対外的に発信するよ

［図表2-3-3］　医療広告の定義

誘引性	患者の受診などを誘引する意図があること
特定性	医業・歯科医業を提供する者の氏名・名称、病院・診療所の名称が特定可能であること

うなプラットフォームやサービスを活用する場合には、それら
の情報の提供が、医療広告に該当するかをまずは検証する必要
があります。その際には、病院が何に対してどのように計算さ
れる料金を支払うかなどの取引条件を全体的に見て、病院が費
用負担をして情報掲載の依頼をしていると判断されるかを慎重
に検討する必要があります。

　そして医療広告に当たる場合には、情報の内容が医療法上の
医療広告規制に抵触しないかを検証していく必要があります。
比較優良広告や誇大広告に当たらないかのチェックはもちろ
ん、体験談やビフォアアフターの写真は基本的に禁止されてい
ますので、医療法上の禁止事項に抵触していないかの確認が重
要となります。また、広告可能事項の限定の対象となる場合に
は、掲載・発信できる情報の内容は更に厳しく制約されること
になりますので、広告可能事項の限定の対象となるかの確認も
慎重に行う必要があります。これらのサービス構築において
は、医療広告に当たらないよう、あるいは、広告可能事項の限
定解除の要件を満たすことができるよう、病院による費用負担
の有無やその方法といった経済条件や、検索結果の表示内容・
方法を見直す必要が生じることも考えられます。

⑷　患者紹介に関する規制

　病院や医師の情報を提供するプラットフォームやサービスに
おいて、その情報提供を受けたユーザーの受診につなげるよう
な送客機能を実装することも考えられます。その場合に問題と
なりうるのが、健康保険制度において定められている患者紹介

に関する規制です。

　保険医療機関は、患者紹介料の支払が禁止されています。すなわち、保険医療機関は、事業者に対して、患者紹介の対価として、経済上の利益を提供して、これによって患者がその保険医療機関で診療を受けるように誘引してはならないとされています。

　この禁止規定については、保険医療機関や保険医が療養の給付や健康保険の診療を行う際のルールを定めたものであるため、療養の給付として行われない自費診療の健康診断や予防接種には適用されないと考えられています。他方で、通常の保険診療がなされる場合には適用されるため、注意を要します。

　患者紹介行為には、以下のものが該当すると考えられています。

・保険医療機関と患者を引き合わせること

・保険医療機関に患者の情報を伝え、患者への接触の機会を与えること

・患者に保険医療機関の情報を伝え、患者の申出に応じて、保険医療機関と患者を引き合わせること

　デジタルツールを活用することでユーザーと医療機関を容易につなぐことが可能となりますので、病院や医師の情報を提供するプラットフォームも、その内容や実施方法によっては、患者紹介行為に当たる可能性があります。

　また、紹介料として提供される経済上の利益については、金銭だけでなく、物品や便益、労務も含まれます。契約書上の名目にかかわらず、実質的に見て、患者紹介の対価として経済上

の利益が提供されていると判断される場合はこれに該当すると考えられます。また、保険医療機関が支払っている委託料や貸借料について、診療報酬の一定割合と設定されている場合は、実質的に紹介料に当たると考えられています。委託料や賃借料について、患者数に応じて設定されている場合は、業務委託や賃貸借の費用と患者数が関係しており、社会通念上合理的な計算根拠があることなどが示される必要があります。

　紹介料を支払っている場合でも、それによって患者がその保険医療機関で診療を受けるように誘引していないと認められる場合には禁止規定に抵触しないこととなりますが、保険医療機関が、患者紹介を受けてその患者の診療を行っている場合は、基本的には誘引しているものとして禁止行為に当たると考えられています。そのため、禁止行為に抵触するかを判断するに当たっては、患者紹介行為があったか、紹介の対価の提供があったかが重要となります。

　病院や医師の情報を提供するプラットフォームやサービスにおいて、その情報提供を受けたユーザーがその病院で受診できるようにつなげる機能を実装する場合には、病院に関する情報の提供方法や内容が特定の病院に誘導するようなものとなっているか、機械的に複数の病院の情報を提示するにすぎないものか、ユーザーと病院をどのようにつなげて、ユーザーが病院にどのようにアクセスすることになるかといった点を踏まえて、患者紹介行為に当たるかを検証する必要があります。また、病院と事業者間の取引条件を全体的に見て、病院が何かしら事業者に対して紹介料を支払っているものと評価されるおそれがな

いかも慎重に見極めることになります。その結果、場合によっては、これらのサービス構築において、患者紹介料の禁止に抵触しないよう、病院による費用負担の有無やその方法といった経済条件や、病院の情報の表示内容・方法などを見直す必要が生じることも考えられます。

4　オンライン診療・オンライン服薬指導

　医師による診療行為を、情報通信機器を活用して実施するオンライン診療は、医療DXの典型例であると言えます。薬剤を販売する際の薬剤師による服薬指導を対面ではなく情報通信機器を活用して遠隔で実施するオンライン服薬指導も同様です。いずれも近時の法改正やガイドラインなどの見直しにより制度整備が進み、活用の促進が期待されます。

　電話やオンラインでの診療を実施できると登録した医療機関数の推移をまとめたのが、［図表2－4－1］です。2020年4月に新型コロナウイルス感染症の感染拡大下の特例的な取扱いによりオンライン診療を実施する要件の緩和が行われて以降、登録機関数は増加し、2020年10月末時点で全医療機関の約15％がオンライン診療を導入していることが分かります。

　オンライン診療については、厚生労働省により「オンライン診療の適切な実施に関する指針」（オンライン診療指針）が定められており、この指針を遵守して実施することが求められます。オンライン診療の普及については、（診療報酬改定により増額はなされているものの）対面診療に比べて診療報酬が低く設

[図表2－4－1]　電話・オンライン診療に対応する医療機関数の推移（2020年4月～21年4月）

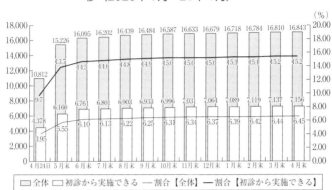

出所：厚生労働省「第15回オンライン診療の適切な実施に関する指針の見直しに関する検討会資料」（2021年）

定されていることや医療機関の設備投資の負担など、様々な要因が取り上げられていますが、実施する場合のルールについては、オンライン診療指針の度重なる見直しによって明確化が図られています。

⑴　オンライン診療指針

　オンライン診療指針は、オンライン診療の適切な実施のための各種要件を定めていますが、それ自体はあくまで指針であり、法律ではありません。法律上は、医師法において無診察治療が禁止されており、医師は、自ら診察しないで、治療を行うことや、診断書・処方箋を交付することが禁止されています。情報通信機器を用いた診療については、従来この無診察治療の禁止に抵触するかが問題となりますが、オンライン診療指針を

遵守する限りにおいて、対面での診察を行わずに治療などを行ったとしても、無診察治療の禁止に違反しないと考えられています。

オンライン診療指針は、オンライン診療だけでなく、具体的な疾患に罹患している旨の伝達や医薬品の処方を行わない「オンライン受診勧奨」も対象としていますが、一般的な情報提供などにとどまり医師以外が行うことも可能とされている「遠隔健康医療相談」については、指針の対象外とされています。オンライン診療指針においては、診療計画の作成・保存、本人確認の実施、薬剤処方・管理、診察方法、医師や患者の所在、通信環境（情報セキュリティ・プライバシー・利用端末）など、オンライン診療の実施のための各種要件が定められています。オンライン診療指針に関するQ&Aも厚生労働省から公表されており、参考になります。

オンライン診療指針において、初診からのオンライン診療は、原則として「かかりつけの医師」が行うこととされています。例外的に、既往歴、服薬歴、アレルギー歴などのほか、症状から勘案して問診・視診を補完するのに必要な医学的情報を過去の診療録、診療情報提供書、健康診断の結果、地域医療情報ネットワーク、お薬手帳、Personal Health Recordなどから把握でき、患者の症状と合わせて医師が可能と判断した場合にも、初診からのオンライン診療は可能とされていますが、原則として「かかりつけの医師」でない限り初診は対面で実施する必要があります。

また、オンライン診療指針では、可能な限り多くの診療情報

を得るために、リアルタイムの視覚と聴覚の情報を含む情報通信手段を採用することとされていますので、電話などの視覚情報を伴わない情報通信手段でオンライン診療を完結することは認められていません。また、オンライン診療は、文字、写真や録画動画のみのやり取りで完結してはならないとされていますので、チャットのみによる診療は認められていません。

オンライン診療指針では、オンライン診療システム事業者が実施すべき対策についても定められており、システム事業者はこれらの内容にも注意する必要があります。例えば、遠隔モニタリングなどで蓄積された医療情報の取扱いや、オンライン診療システムが医療情報システムに影響を及ぼす可能性がある場合には、厚生労働省が定める「医療情報システムの安全管理に関するガイドライン」や、総務省・経済産業省「医療情報を取り扱う情報システム・サービスの提供事業者における安全管理ガイドライン」に沿った対応が求められます。これらのガイドラインはいずれも相応の分量があり、求められる対応について詳細に規定されていますので、オンライン診療指針の規定内容だけでなく、ガイドラインの規定内容も正確に把握してこれに沿った対応を実施する必要があります。

⑵ 新型コロナウイルス感染症の感染拡大下の特例

オンライン診療に関するルールについては、オンライン診療指針だけでなく、新型コロナウイルス感染症の感染拡大下で認められている特例的な取扱いについても留意が必要です。2020年4月に厚生労働省が発出した通知により、新型コロナウイル

ス感染症が拡大し医療機関の受診が困難になりつつあることに鑑みた時限的・特例的な対応として、オンライン診療指針が定める要件の一部が緩和されています。例えば、この特例では、初診から電話による診療を行うことが認められています。ただし、患者の本人確認を行う必要があるほか、都道府県に毎月報告を行うことなどが求められています。

　この特例による緩和された要件に依拠してオンライン診療を実施している場合には、特例が廃止された際には、あらかじめオンライン診療指針に定める要件を遵守する形となるよう実施方法を見直しておく必要があります。この特例は新型コロナウイルス感染症の感染が収束するまでの間とされており、新型コロナウイルス感染症が拡大し、医療機関の受診が困難になりつつあることに鑑みた時限的・特例的な対応であるため、原則として、既にオンライン診療指針に基づくオンライン診療を行っていた患者に対しては、オンライン診療指針の内容を遵守して診療を行うこととされています。そのため、オンライン診療を安定的に継続する観点からは、特例に依拠することなくオンライン診療指針が定める要件を充足する形でオンライン診療を実施しておくことが望ましいと言えます。

⑶　**オンライン服薬指導**

　オンライン診療の場合と異なり、薬剤師による服薬指導の方法については、法令で詳細な規定が設けられていることから、オンライン服薬指導については、法令改正が行われており、これによって実施が可能となっています。オンライン服薬指導に

ついては、順次改正がなされた結果、初回からオンライン服薬指導を行うことが認められていますし、過去に処方された薬剤やオンライン診療を行った場合に限らず、原則として全ての薬剤が、診療の形態にかかわらず、オンライン服薬指導の対象とされています。また、2022年9月に施行された改正により、薬剤師が服薬指導を行う場所は、薬局以外の場所も可能とされています。オンライン服薬指導については、厚生労働省によって実施要領が定められており、本人確認の実施、通信環境（情報セキュリティ・プライバシー・利用端末）、薬剤の交付、服薬指導の場所、処方箋の取扱いなど、オンライン服薬指導の適切な実施のための各種要件が定められています。この実施要領についてもQ&Aが厚生労働省から公表されており、参考になります。例えば、オンライン服薬指導は、映像と音声の送受信により相手の状態を相互に認識しながら通話をすることが可能な方法による必要があるため、オンライン診療と同様に、電話によって実施することは認められていません。

　オンライン服薬指導についても、オンライン診療と同様、2020年4月に発出された厚生労働省の通知によって、新型コロナウイルス感染症の感染拡大下の特例が認められており、要件の一部が緩和されています。オンライン服薬指導についても、この特例によって、電話による服薬指導を行うことが認められています。オンライン診療について述べたのと同様に、この特例は新型コロナウイルス感染症の感染が収束するまでの時限的・特例的な対応ですので、オンライン服薬指導を安定的に継続する観点からは、特例に依拠することなく法令や実施要領が

定める要件を充足する形でオンライン服薬指導を実施しておく
ことが望ましいと言えます。

5　医療ロボット・AIの活用と法的責任

　医療現場においても、手術支援ロボットやリハビリテーショ
ンロボット、AI技術を用いた診断支援システムや画像解析ソフ
トウェアなど、ロボット・AIの活用が進展していくことが期待
されます。医療ロボット・AIがどのような法規制の対象となる
かは第2章で述べていますが、ここでは、医療現場において医
療ロボット・AIを活用した際に、何かしらの不具合や事故によ
り患者に被害が生じた場合の法的責任について取り上げたいと
思います。

　まず、ロボットやAIそのものは、自然人でも法人でもありま
せんので、現行の日本の法律では何かしらの権利義務の主体と
なることはありません。そのため、ロボットやAI自体に責任追
及することはできないこととなります。

　そうすると、実際の利用形態にもよりますが、患者による責
任追及の対象として、医療ロボットやAIを活用した医師、ある
いは、医療ロボット・AIのメーカーが考えられます。このうち
医療ロボット・AIメーカーは、患者との間で直接契約関係にあ
ることは想定し難いため、患者に対する法的責任としては、製
造物責任法に基づく製造物責任、あるいは民法に基づく不法行
為責任が考えられます。製造物責任法に基づく製造物責任は、
製造物の欠陥により被害が生じた場合における被害者保護のた

めに、民法に基づく不法行為の特則として定められているもの
です。そのため、患者がメーカーに責任追及する際には、まず
は製造物責任法に基づく製造物責任の追及を検討することが予
想されます。ただし、医療ロボット・AIについては、製造物責
任法の適用を受けることができるか悩ましい問題が幾つかあり
ます。

　まず、製造物責任法の対象となる製造物は、有体物に限られ
ます。ソフトウェアは無体物であるため、製造物責任法の適用
対象となりません。ソフトウェアが有体物に組み込まれた場合
には、その有体物について製造物であると考える余地はありま
すが、どのような場合にソフトウェアが有体物に組み込まれた
と言えるかは明確ではありません。

　また、製造物責任法に基づく製造物責任の根拠は、欠陥のあ
る製造物を製造し、他人に引き渡したことにあるため、メー
カーが製造物を引き渡した時点に欠陥が存在していたことが必
要であると考えられています。医療ロボット・AIについては、
当初製品が納入された後に、ソフトウェアのアップデートや機
械学習が随時行われることも想定されますので、そのような納
入後のアップデートや機械学習に起因して被害が生じた可能性
がある場合には、製造物責任法の対象外とされる可能性があり
ます。

　そして、製造物責任法に基づく製造物責任については、製造
物の欠陥があることが必要となるところ、ここで言う欠陥と
は、製造物が通常有すべき安全性を欠いていることを言いま
す。欠陥があると認められるかの判断基準については明確な法

律の規定はなく、解釈に委ねられています。欠陥には三つの類型があると考えられていますが、このうち医療ロボット・AIについて重要となるのは、設計上の欠陥（製造物の設計段階で十分に安全性に配慮しなかったために、製造物が安全性に欠ける結果となった場合）と、指示・警告上の欠陥（有用性・効用との関係で除去しえない危険性が存在する製造物について、その危険性の発現による事故を消費者側で防止・回避するに適切な情報を製造者が与えなかった場合）です。いずれの場合も、医療ロボット・AIは医師などの専門家が使用することが想定されていることから、欠陥があったと言えるかについては、そのような専門的な知識・技能を有する医療従事者が使用する前提で、判断されることになると考えられます。また、医療ロボット・AIがあくまで医師による診断・治療行為を支援するものであり、最終的には医師の判断・技能によって診断や治療行為がなされるものである場合には、その点も考慮されることになります。すなわち、医療ロボット・AIの設計においては、一定の技量や訓練を経た医療従事者が使用する前提で設計することで足りると判断される可能性がありますし、説明書やマニュアルにおける指示・警告についても、一定の知見・理解力を有する医療従事者が記載内容を十分に読むことを前提に提供すれば足りると判断される可能性があります。ただし、医療ロボット・AIを使用したり、その機能・制約を正確に理解するために必要な技術に関する知識や技能は、必ずしも医療の知見と一致するものではありませんし、個々の医療ロボット・AIによって求められる内容や水準はまちまちですので、最終的にはケースバイケースの判

断によることとなり、個別の事例ごとに、事実関係を踏まえて総合的に判断する必要があります。

　さらに悩ましい問題は、医療ロボット・AIについては、制御不可能性や不透明性を伴うものであるため、予測不能の事態が生じ、これによって患者に被害が生じた場合のメーカーの製造物責任です。製造物責任法では、製造物をメーカーが引き渡した時点の科学・技術の知見によって欠陥があることを認識できなかった場合（開発危険の抗弁）は製造物責任を免れることとされていますが、この開発危険の抗弁が認められた裁判例はないと言われており、これによる免責に依拠することは難しいところです。他方で、あらかじめ予測することができない事態による被害であれば、事実関係にはよりますが、そのような予測不能な事態に対応していない設計や指示・警告であったとしても、なお通常有すべき安全性は確保されていたということで欠陥がなかったと判断される可能性もあります。

　仮にメーカーが患者に対して法的責任を負わない場合、患者は、医師に対して責任を追及することが考えられますが、患者から適切なインフォームド・コンセントが得られている場合も想定されますし、一般的に、医師の過失を立証することは容易ではありません。その結果、患者に対してメーカーも医師も責任を負わない「責任の空白」が生じ、患者に生じた被害が補償されない事態も想定されます。この点、医薬品や再生医療等製品の副作用による健康被害については、医薬品副作用被害救済制度が設けられており、適正に使用したにもかかわらず発生した副作用による健康被害を受けた患者に対して医療費の給付な

どの公的な救済を受けることが可能となっています。立法論としては、医療分野におけるロボット・AIの活用を促進する観点から、医療ロボット・AIについても同様に公的な補償制度を設けることが考えられるところです。

第 3 章

PHRと個人情報保護法

1 　PHRとは

　近年、デジタルテクノロジーの進展に伴い、PHRに注目が集まっています。政府の成長戦略フォローアップ（2019年6月21日閣議決定）において「PHRの更なる推進」がうたわれたことをはじめとして、関連するガイドラインの公表やマイナポータルの機能拡充など、政府を主体とするPHR推進の動きが進んでいます。また、民間部門での動きも活発であり、日本のPHRサービスの市場は拡大基調で推移することが予想され、2024年時点での市場規模が約263億円にまで成長するとする推定もあります（経済産業省「令和2年度補正遠隔健康相談事業体制強化事業最終報告書」）。「PHR」という用語自体が法令やガイドラインにおいて明確に定義されているわけではありませんが、PHRとは、Personal Health Recordの頭文字を取った略語であり、本来の語義としては、個人の健康・医療などに関する情報・記録を意味します。また、そこから進んで、「個人の健康診断結果や服薬履歴などの健康・医療に関する情報を、電子記録として、本人や家族が正確に把握するための仕組み」を指すことが一般的です。

　PHRについては、個人の健康・医療などに関する記録を個人が理解しやすい形で一元化することで、自らの健康管理・予防行動につなげられるようにするとともに、本人の希望によって医師に提供し、診療にも活用できるようにすることで、より質の高い医療・介護が提供されるようになることが目指されてい

ます。また、国や自治体による公衆衛生施策や保健事業、医療的ケアが必要な障害児者を含む者への災害などの緊急時での利用や保健医療分野の研究への二次利用など、年齢や性別、障害の有無にかかわらず誰もがより良い保健医療を享受するための活用も目指されています（国民の健康づくりに向けたPHRの推進に関する検討会「国民・患者視点に立ったPHRの検討における留意事項～PHRにおける健診（検診）情報等の取扱いについて～」）。

　本章では、PHRに関する制度や規制について解説します。

2　マイナポータル

⑴　マイナポータルでの健康保険情報の確認

　マイナポータルとは、政府が運営するオンラインサービスであり、以下のように、個人の健康・医療に関する情報を閲覧することができます。そのため、マイナポータルも「個人の健康診断結果や服薬履歴などの健康・医療に関する情報を、電子記録として、本人や家族が正確に把握するための仕組み」として、PHRの一つであると言うことができます。

　マイナポータルは、マイナンバーカードを用いて利用者登録をすることによって誰でも無料で利用することができます。マイナポータルでは、子育てや介護をはじめとする行政手続がワンストップで行えるほか、行政機関が保有している本人の特定個人情報を確認することや、行政機関からのお知らせを確認することができます。マイナポータルで確認できる特定個人情報

[図表３－２－１] マイナポータルで確認できる健康・医療に関する
　　　　　　　　特定個人情報

健康保険証情報
保険者名、被保険者証記号・番号・枝番等の健康保険証の情報
診療・薬剤情報
医療機関での診療、医療機関・薬局で受け取ったお薬の情報（ジェ
ネリック薬品による削減可能額も確認できます）
医療費通知情報
医療機関等を受診し、医療機関等で支払った医療費の情報
予防接種
自治体が保有する予防接種の実施に関する情報（四種混合、BCG、
日本脳炎、新型インフルエンザ等）
特定健診情報・後期高齢者健診情報
40歳以上の方の、メタボリックシンドロームに着目した健診結果の
情報
検診情報
がん、肝炎ウイルス、歯周疾患等の検診結果の情報
医療保険
健康保険・後期高齢者医療等の医療保険の保険証の資格情報、出産
育児一時金や高額療養費などの給付情報
医療保険その他
医療保険の資格・給付情報のうち、制度間の支給調整に使用される
情報
学校保健
学校病（感染性または学習に支障を生ずるおそれのある疾病）治療
で生活保護家庭向けに援助される医療費に関する情報
難病患者支援
難病患者に対する特定医療費の支給開始年月、支給終了年月、支給
年月の情報
保険証の被保険者番号等
健康保険証の券面に記載の被保険者番号等の情報
医療保険情報の提供状況
医療保険情報が提供された状況・履歴

注：これらのほかにも、事業主健診や学校健診、電子カルテの検査結果情報
　　なども閲覧可能項目に追加される予定。

のうち、健康・医療に関する情報は［**図表3－2－1**］のとおりです。また、母子手帳の記載内容の一部についてもマイナポータル上で確認することができ、更なる項目の拡充が進められています。

　もっとも、マイナポータル上での健康・医療に関する情報の表示は、あくまで客観的な数値などの表示にとどまるものであり、基本的に、グラフやチャートなど視覚的に分かりやすく加工されたものではありません。また、その情報にはどのような意味合いがあるのか、どのように健康管理・予防行動につなげるべきなのか、といった点にまで踏み込んだものではありません。［**図表3－2－2**］の表示例をご参照ください。

⑵　マイナポータルとの連携

　民間事業者が提供するPHRサービスは、マイナポータルとは異なり、入力された情報を分析して食事や運動などの生活習慣の改善方法やダイエットプランなどを提示したり、提携する健康関連サービスを紹介するなど、より分かりやすい形で個人の健康管理・予防行動を支援する機能を持つものが一般的です。もっとも、分析の基礎となるデータの収集は工夫を要するところです。既存の民間PHRサービスの中には、スマートウォッチや体重計と連携することによって個人の健康に関する情報を収集するものや、本人の同意の下で医療機関や健康保険組合から個人の医療に関する情報提供を受けるものも見られますが、個々の医療機関や健康保険組合との間で情報連携のための交渉を行うことは相当の労力を要します。また、少なくとも自治体

[図表3－2－2]　マイナポータルでの薬剤情報・特定健診情報の表示例

マイナポータルでの薬剤情報の表示例（PDF版）

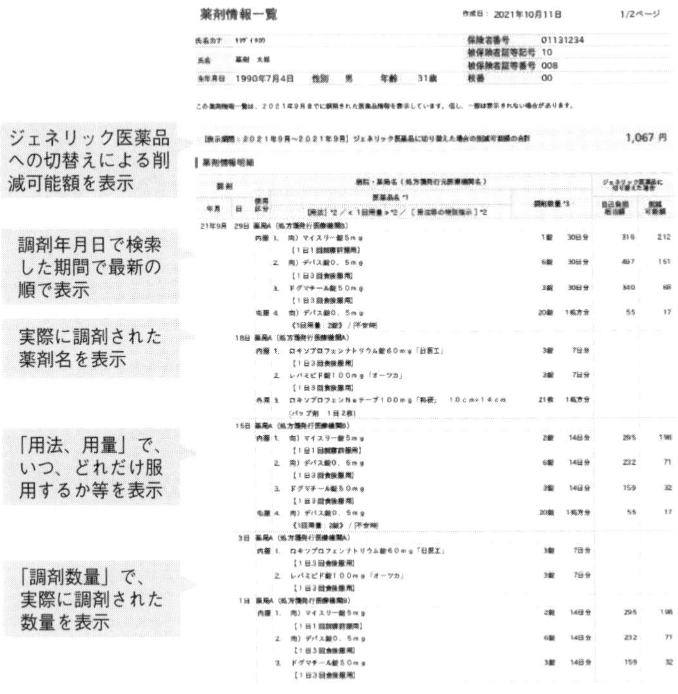

※2021年9月以降に調剤された薬剤情報が対象（11月以降、毎月11日頃から前月分までの薬剤情報を閲覧可能）

（続き）

マイナポータルでの<u>特定健診情報の表示例</u>（PDF版）

特定健康診査受診結果

作成日：2027年4月2日　　1/5ページ

労働安全衛生法に基づく健康診断（事業者健診）等を受診した際、特定健康診査の基本項目を実施し、かつ事業者が
保険者にその結果を提供している場合、特定健康診査として記録が表示されます。

▌資格情報

氏名カナ	サンキノウタロウ		保険者番号	06999999
氏名	三機能太郎		被保険者証等記号	1234567890
			被保険者証等番号	1234567890
生年月日 1975年2月20日	性別　男	年齢　52歳	枝番	01

▌特定健診機関情報

実施日	特定健診機関名称
2026/07/02	特定健診１０００００００１機関
2025/07/23	特定健診１０００００００２機関
2024/08/23	特定健診１０００００００３機関
2023/05/18	特定健診１０００００００２機関
2022/07/10	特定健診１０００００００１機関

▌特定健診情報

実施日	2026/07/02
既往歴（医師記載）	高血圧
自覚症状（医師記載）	体がだるい　めまいがする
他覚症状（医師記載）	特記すべきことなし

> 健診実施時に質問票により医師が
> 問診で確認した既往歴を表示

実施日		2026/07/02	2025/07/23	2024/08/23	2023/05/18	2022/07/10
メタボ゛リックシント゛ローム判定 *1		予備群該当	予備群該当	予備群該当	予備群該当	予備群該当
保健指導レベル *2		動機付け支援	動機付け支援	動機付け支援	動機付け支援	動機付け支援

実施日		受診勧奨判定値 *3	2026/07/02	2025/07/23	2024/08/23	2023/05/18	2022/07/10
身体計測	身長		173.6	173.8	173.5	173.2	173.6
	体重		76.2	74.5	72	74.4	76.2
	腹囲		94.8	91.9	93	92.1	94.8
	内臓脂肪面積 *4		—	—	—	—	—
	ＢＭＩ		25.2	24.7	23.9	24.8	25.2
血圧	収縮期血圧	▲ 140 以上	▲ 142	▲ 144	▲ 168	▲ 150	132
	拡張期血圧	▲ 90 以上	78	71	▲ 103	▲ 91	78
血中脂質	中性脂肪	▲ 300 以上	144	132	102	132	144 ※
	ＨＤＬ-コレステロール	▽ 34 以下	44	50	53	50	▽ 33
	ＬＤＬ-コレステロール	▲ 140 以上	127	132	134	132	127
	Non-HDLコレステロール *5	▲ 170 以上	—	—	—	—	—
肝機能	ＧＯＴ（ＡＳＴ）	▲ 51 以上	22	16	23	16	22
	ＧＰＴ（ＡＬＴ）	▲ 51 以上	43	31	36	31	43
	γ-ＧＴ（γ-ＧＴＰ）	▲ 101 以上	43	33	31	33	43
血糖	空腹時血糖 *6	▲ 126 以上	89	90	91	90	89
	ＨｂＡ１ｃ *6	▲ 6.5 以上	5.3	5.2	5.2	5.3	5.3
	随時血糖 *6	▲ 126 以上					
尿	尿糖		(−)	(−)	(−)	(−)	(−)
	尿蛋白		(+)	(+)	(+)	(+)	(+)

が保有する予防接種歴などの情報については、サービス利用者本人に手動で入力してもらう必要があるなど、幅広いデータを確保することは必ずしも容易ではありません。

このような課題に対応する施策として、マイナポータルを所管するデジタル庁は、「医療保険情報取得API」を提供しています。民間のウェブサービス提供者は、医療保険情報取得APIを利用することで、マイナポータル利用者の同意を得た上で、マイナポータルで確認できる医療保険情報を、本人に代わって取得することができるようになります。実際に、2022年5月31日には、マイナポータルとの連携を行う民間PHRの第一号案件が登場しています。

医療保険情報取得APIで取得が可能な医療保険情報は、2023年4月現在では、薬剤情報、処方情報、調剤情報、特定健診情報等および医療費通知情報とされていますが、今後拡充していくことが予想されます。また、医療保険情報取得APIを利用して医療保険情報（医療費通知情報を除きます）を取り扱うためには、総務省、厚生労働省および経済産業省が公表する「民間PHR事業者による健診等情報の取扱いに関する基本的指針」を遵守する必要があるとされています。この指針の具体的な内容については、3(3)で検討します。

3 個人情報保護に関する規制

⑴ 個人情報保護法

　PHRが取り扱う個人の健康・医療などに関する情報は通常、個人情報保護法が定める「個人情報」に該当します。そのため、PHRを運営する事業者は、個人情報保護法を遵守する必要があります。以下では、個人情報保護法が規定する内容のうち、PHRのスキームを構築するにあたって特に注意するべき論点について解説します。

a　委託・共同利用の意義と限界

　個人情報保護法上、個人データを第三者に提供する場合は、原則として本人の同意を取得することが必要です。これに対する例外として、個人データの提供者が受領者に対して個人データの取扱いを委託する場合や、提供者と受領者が個人データを共同して利用する場合には、所定の要件の下、個人データの第三者提供には該当せず本人の同意は不要であるとされています。例えば、PHR事業者が外部の下請企業に対して個人データの処理や分析などを委託している場合、PHR事業者が下請企業に対して個人データを提供することについては、本人の同意を取得する必要はありません。

　それでは、PHR事業者が個人データを入手することについて、これらの例外により本人の同意は不要であると整理すること

できるでしょうか。「民間PHR事業者による健診等情報の取扱いに関する基本的指針」では、「保険者が被保険者に対してPHRアプリを保険者のサービスの一環として提供する際にPHRアプリの管理運営会社に個人データを提供する」ことは、「委託」の例外に該当し、本人の同意は不要であるとの考え方が示されています。したがって、PHR事業者が健康保険組合から組合員についての個人データを入手することについては、「委託」の例外に依拠する余地があると言えます。もっとも、この「委託」の例外については、個人情報保護委員会から各種の考え方が示されており、一定の場合には本人の同意が不要である「委託」に基づく提供としては認められないとされています。したがって、個人データの授受のスキームを検討する際には、本当に「委託」として本人の同意なしとできるか、注意して検討する必要があります。

　個人情報保護委員会が示す「委託」に関する考え方のうち最も重要なものとして、「個人データの受領者は、提供者から委託された業務の範囲内でのみ提供された個人データを取り扱うことができ、委託業務の範囲外では取り扱うことができない」というものがあります。特に、委託業務とは関係のない自社の営業活動のために利用することや、複数の委託元から委託を受けている場合に委託元ごとに個人データを区別せずに混ぜて取り扱うこと、提供された個人データを自社のために統計情報に加工することは、基本的に委託業務の範囲外であるとされています。PHR事業者の事業の中で注意するべきケースとしては、複数の提供元から提供されたデータを名寄せして分析する場合

[図表3-3-1] 共同利用で通知・公表する事項

・共同利用をする旨
・共同して利用される個人データの項目
・共同して利用する者の範囲
・利用する者の利用目的
・当該個人データの管理について責任を有する者の氏名・名称、代表者氏名および住所

や、複数の保険者からPHRアプリ提供業務を受託して、提供を受けた全データを一つのデータセットに統合した上で一気通貫して分析する場合、提供を受けたデータを自らの分析技術の向上のために使用する場合などが考えられます。このような個人データの利活用が「委託」の例外として認められるものであるか、慎重な検討が必要です。

また、「共同利用」の例外については、共同利用を行うときは、[図表3-3-1]に掲げる事項をあらかじめ本人に通知するか本人が容易に知りうる状態に置く必要があります。さらには、既に特定の事業者が取得している個人データを他の事業者と共同利用する場合には、そのような共同利用が元々個人データを取得した事業者の利用目的の範囲内である必要があることに加え、共同利用者の範囲や利用目的などが「本人が通常予期しうると客観的に認められる範囲内」である必要があるとされています。そのため、「共同利用」の例外については、基本的には、既に取得した個人データについてではなく、これから取得する個人データの提供について活用することを検討することが適切と思われます。「民間PHR事業者による健診等情報の取

扱いに関する基本的指針」では、「PHRサービスを行っている企業が、例えば同グループに属する企業等と共に総合的な健康サービスを提供するために、取得時の利用目的の範囲内で個人データを共同利用する」ことが例示されています。

b 匿名加工情報・仮名加工情報

匿名加工情報および仮名加工情報とは、個人情報に所定の加工を施して個人識別性を低めた情報であり、個人情報とは異なる規制に服します。いずれもデータの利活用の促進を目指して設けられた制度である点では共通しますが、それぞれ別の制度であり、データの移転の自由度や想定されるユースケースが異なります（[**図表3－3－2**]）。なお、匿名加工情報および仮名加工情報は、それが元々誰の情報であるのか、特定の個人を識別することはできないものの、依然として個人単位の情報であることが想定されています（個人情報保護法の用語法では「個人に関する情報」と言います）。これに対して、複数の人の情報から共通要素である項目を抽出して同じ分類ごとに集計して得られるデータは、（もはや「個人に関する情報」ではなく）「統計情報」として個人情報保護法の規制の対象外であると考えられています。

匿名加工情報とは、2017年5月30日に施行された改正個人情報保護法により導入された制度であり、個人情報に所定の加工を施して、(ⅰ)特定の個人を識別することができず、(ⅱ)元となった個人情報を復元することができないようにした情報を指します。匿名加工情報は、元となった個人情報の本人の同意を得る

[図表3－3－2] 匿名加工情報と仮名加工情報の定義・義務の違い

	匿名加工情報	仮名加工情報
定義	特定の個人を識別することができず、加工元の個人情報を<u>復元することができないよう</u>に加工された個人に関する情報（§2⑪） ※<u>本人か一切分からない程度</u>まで加工されたもの（個人情報に該当せず）	<u>他の情報と照合しない限り特定の個人を識別することができないように加工された個人に関する情報（§2⑨） ※対照表と照合すれば本人が分かる程度まで加工されたもの</u>（個人情報に該当）
取扱いに係る義務 加工の方法	・氏名等を削除（又は置き換え） ・項目削除、一般化、トップコーティング、ノイズの付加等の加工 ・<u>特異な記述の削除 等</u>（§36①）	・<u>氏名等を削除（又は置き換え）</u> ・不正に利用されることにより、財産的被害が生じるおそれのある記述等を削除（又は置き換え）（§35－2①）
安全管理措置	・加工方法等情報の安全管理（§36②） ・匿名加工情報の安全管理（努力義務）（§36⑥、§39）	・対照表等の安全管理（§35－2②） ・仮名加工情報の安全管理（§20）
作成したとき	・情報の項目の公表（§36③）	・利用目的の公表（§35－2④） ※作成に用いた個人情報の利用目的とは異なる目的で利用する場合のみ
提供するとき	・情報の項目・提供の方法の公表（§36④、§37） ※本人同意のない<u>第三者への提供が可能</u>	・<u>第三者提供の原則禁止</u>（§35－2⑥） ※委託・共同利用は可能 ※「作成元の個人データ」は本人同意の下で提供可能（§23①）
利用するとき	・識別行為の禁止（§36⑤、§38）	・識別行為の禁止（§35－2⑦） ・本人への到達行為の禁止（§35－2⑧） ※電子メールの送付、住居訪問等の禁止 ・利用目的の制限（§35－2

	③) ※利用目的の変更は可能 （§35-2⑨） ・利用目的達成時の消去（努力義務）（§35-2⑤） ・苦情処理（努力義務）（§35）
・苦情処理等（努力義務）（§36⑥、§39）	

出所：個人情報保護委員会「個人情報保護法令和2年改正及び令和3年改正案について」

ことなく、第三者に提供することができます。そのため、PHR事業者にとっては、自ら保有する個人の健康・医療などに関する情報を匿名加工情報に加工して、製薬企業やアカデミアに対して提供することも検討に値します。なお、PHR事業者が、健康保険組合などの第三者から、個人データの取扱いの委託に伴って個人データの提供を受けている場合には、【3⑴a】で述べたとおり、委託された業務の範囲内でしか個人データを取り扱うことができません。つまり、匿名加工情報を作成することを受託していると評価できない限り、受託した個人データを匿名加工情報へと加工することはできません。そのため、匿名加工情報を作成することが委託された業務の範囲内であると評価できるか否かを、個人データの提供に関する契約書や個人データの提供の趣旨・目的などの事実関係を踏まえて慎重に検討する必要があります。その他、匿名加工情報に関する規制として、法令上定められている匿名加工情報の加工基準を遵守する必要があること、匿名加工情報を作成する際に所定の事項を公表する必要があること、第三者提供時に受領者に対して所定の事項を明示する必要があること、元となった個人情報の本人を識別する目的で匿名加工情報を他の情報と照合することが禁

止されていることなどにも注意する必要があります。

　これに対して、仮名加工情報は、2022年 4 月 1 日に施行された改正個人情報保護法により導入された制度であり、個人情報に所定の加工を施して、(i)他の情報と照合しない限り(ii)特定の個人を識別することができないようにした情報を指します。仮名加工情報は、匿名加工情報とは異なり、一切個人識別に至らないことまでは求められておらず、ある仮名加工情報単体では個人識別ができないことが求められています。匿名加工情報については、要求される加工の水準が高度であることなどを理由として、当初の想定よりも利活用が進んでいないことが指摘されていました。仮名加工情報は、匿名加工情報よりも加工の水準を低くすることによって、更なるデータの利活用の促進を目指した制度であると言えるでしょう。もっとも、ここで想定されている「データの利活用」の内容は、匿名加工情報についての「データの利活用」とはやや異なっており、データの転々流通というよりも、元の個人情報を保有していた主体自身によるデータの利活用が念頭に置かれています。具体的には、仮名加工情報は、匿名加工情報とは異なり、第三者提供に際して本人の同意が不要とはされておらず、むしろ、第三者への提供が原則として禁止されています。一方で、仮名加工情報は、大まかには、原則として個人情報に適用される義務が準用される一方で、個人情報に適用される義務のうち、利用目的の変更の制限・漏えい時の報告義務・本人からの開示請求などに関する義務が適用されないこととされています。つまり、仮名加工情報の制度の特徴は、個人情報に適用される義務の一部が免除され

る点にあると言えます。これによって、本人からの各種請求の負担なく長期で保有して、将来的に、元となった個人情報を取得した際には想定されていなかった目的でデータを利用することが可能となる点などに利点があると指摘されています。また、要求される加工の程度の違いから、匿名加工情報よりも加工によるデータの有用性の低下の程度が小さいとされています。典型的には、製薬会社が過去の治験で取得した個人情報を治験実施時には想定されていなかった新しい研究のために使用する場合などが考えられます。PHR事業者についても、将来的に個人の健康・医療などに関する情報を研究用データセットとして利活用する際に仮名加工情報の制度を利用することもありうるでしょう。

⑵　次世代医療基盤法

　次世代医療基盤法（医療分野の研究開発に資するための匿名加工医療情報及び仮名加工医療情報に関する法律）は、カルテなどの医療情報の大規模な利活用を促進することなどを目指して2018年5月に施行されました。次世代医療基盤法が目指す医療情報の利活用の基本的なスキームは、各医療機関が保有する医療情報を国の認定を受けた事業者に移転して集約し、事業者が医療情報を一括して匿名加工した上で、製薬会社や研究機関などに提供し、医療分野の研究開発のために利活用する、というものです。個人情報保護法の下では、病歴をはじめとする要配慮個人情報を第三者に提供するためには、原則として本人の同意が必要です。これに対する例外として、次世代医療基盤法の

下では、認定事業者に対する医療情報の提供に際しては、本人の同意は不要とされています（[**図表3－3－3**]）。

　匿名加工を行う事業者として国の認定を受けるためのハードルは非常に高く設定されています。例えば、人的構成については、「大規模な匿名加工医療情報を用いた日本の医療分野の研究開発を一貫して実施する等の実務経験を5年以上有し、それに相応する知見を有するなど、匿名加工医療情報取扱事業者における日本の医療分野の研究開発に関するニーズを把握し、かつ、開発することについて、高い専門性を有する者」をはじめとする各種の人材が必要とされていますし、事業規模については、事業開始後1年間で年間100万人以上のカルテデータなどを取得することが必要とされています。その結果、2023年5月時点で認定を受けているのは3件にとどまります。また、本人の同意を不要とする代わりに、提供元の医療機関は、本人に対して30日程度の熟慮期間を設けた上での書面などでのオプトアウト手続を行う必要がありますが、かえって同意取得よりも重い手続を課しているのではないかという指摘も見られます。

　2023年4月現在、国会にて改正次世代医療基盤法が審議されています。改正法は、現行法による匿名加工医療情報の制度に加え、新たに「仮名加工医療情報」の制度を導入しました。仮名加工医療情報は、匿名加工医療情報とは異なり、特異な値や希少疾患名の削除が不要とされていますので、より精度の高い分析が可能になることが期待されています。もっとも、仮名加工医療情報を利用することができるのは、安全管理等の基準に基づき国が認定した利活用者に限られます。また、改正法の下

[図表3－3－3] 内閣府「次世代医療基盤法の全体像」

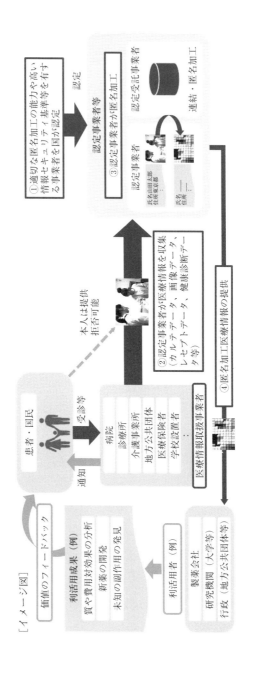

では、匿名加工医療情報とその他の国のデータベースのデータの連結解析が可能とされているほか、病院等に対して認定事業者との協力に努めることが義務付けられています。改正法の実務的な影響については、今後公表されるガイドラインや事例に注目する必要があります。また、現時点では次世代医療基盤法の主眼は研究開発の促進にあると言えますが、認定事業者の下に個人の医療に関する各種のデータが集積していることを踏まえ、今後PHRの観点からも利活用の検討が進むことが期待されます。

⑶ 「民間PHR事業者による健診等情報の取扱いに関する基本的指針」

　総務省、厚生労働省および経済産業省は、2021年4月に「民間PHR事業者による健診等情報の取扱いに関する基本的指針」（PHR指針）を公表しました。PHR指針は、「安全、安心な民間PHR（Personal Health Record）サービスの利活用の促進に向けて、健診等情報を取り扱う事業者によるPHRの適正な利活用が効率的かつ効果的に実施されることを目的として、PHRサービスを提供する事業者が遵守すべき事項を示すもの」とされています。PHR指針それ自体は法令ではありませんので法的拘束力はありませんが、2⑵で述べたとおり、医療保険情報取得APIを利用してマイナポータルから医療保険情報（医療費通知情報を除きます）を取得するためには、PHR指針を遵守する必要があるとされています。また、マイナポータルとの連携を行わないPHR事業者にとっても、個人情報保護法に定められた各

種義務についてPHRサービスの文脈で具体的にどのように遵守することが考えられるのか、健康・医療に関する情報の適正な利活用をどのように進めればよいのかなどの観点から、参考になります。

　PHR指針の適用対象となる情報は、「健診等情報」とされています。「健診等情報」の定義についてはは、[図表3－3－4]をご覧ください。

　また、PHR指針の適用対象は、「健診等情報を取り扱うPHRサービスを提供する民間事業者」とされています。個人が自ら日々計測するバイタルや健康情報のみを取り扱う事業者や、個人の健康管理ではなく研究開発の推進のみを目的として利用される健診等情報・匿名加工情報・仮名加工情報のみを取り扱う事業者は、PHR事業者には該当しないとされています。

　PHR指針の規定内容については、基本的には、個人情報保護法や個人情報保護委員会が公表するガイドラインの内容をベースとしている箇所が多いと言えますが、一部、個人情報保護法

[図表3－3－4]　「健診等情報」の定義

①　個人が自らの健康管理に利用可能な要配慮個人情報で次に掲げるもの

①　個人が自らの健康管理に利用可能な要配慮個人情報で次に掲げるもの
　・個人がマイナポータルAPI等を活用して入手可能な健康診断等の情報（健康保険組合等から入手する場合または個人が自らアプリ等に入力する場合も含みます）
　・医療機関等から個人に提供され、個人が自ら入力する情報
　・個人が自ら測定または記録を行うものであって、医療機関等に提供する情報
②　予防接種歴

その他の法令などに基づく義務を超えた遵守事項が定められているため注意が必要です。PHR指針のうち最も多くの文量が割かれているのが、安全管理措置についてです。PHR指針では、実施すべきリスクマネジメント施策、その施策を実現する上での具体的な対策のポイント、より細かな手法例が解説されています。必ずしもPHR指針に記載されたものと同一の手法を採用することまでは求められていないものの、「PHR事業者において具体的な対策を講じる上では、このうち、対策のポイントの部分を参照し、当該部分に規定される内容又はそれと同等程度以上の対策を講じることが求められる」とされています。外部の組織との間での委託契約などに一定の事項を盛り込むとされている点などは、個人情報保護ガイドライン（通則編）において示されている内容よりも厳格と言えます。また、情報セキュリティ対策の一環として、「標準規格（ISO又はJIS）等に準拠した対策の追加及び第三者認証（ISMS又はプライバシーマーク等）を取得することで、客観的に安全管理措置を担保する」努力義務が定められています。さらに、マイナポータルAPI経由で健診等情報を入手するPHR事業者は第三者認証を取得することが必須であるとされています。

　その他、個人情報保護法その他の法令などに基づく義務を超えた遵守事項としては、健診等情報の取得時には、単に同意を取得するのみでなく、利用目的を本人に分かりやすく通知する必要があるとされています。また、健診等情報の第三者提供に際しても、単に同意を取得するのみではなく、提供先、その利用目的および提供される個人情報の内容等を特定し分かりやす

く通知した上で、本人の同意を得なければならないとされています。個人情報保護法上は、一度行った同意を撤回する権利は特に明示的には認められていませんが、PHR指針においては、「同意する際と同程度の容易さ」で同意の撤回を行えるよう工夫しなければならないとされています。さらに、個人情報保護法上は、本人が事業者に対して自分の個人情報を消去することを求めることができる場合は限定されていますが、PHR指針においては、本人からの求めがあった場合は、PHR事業者が管理している「健診等情報」を消去しなければならないとされています。

　以上に加え、PHR指針では、医師や薬剤師の氏名が個人情報に該当することが明確化されています。PHRサービスを設計するにあたっては、本人とのコンタクトポイントが確保されることが通常であり、本人との関係で通知や同意取得の仕組みを設けることは、一般的には困難ではないものと思われます。他方で、医療機関や薬局がスキームに関与しないPHRサービスについては医師や薬剤師へのコンタクトが難しい場合が少なくなく、実務上は取り扱う情報項目の選定をはじめとして具体的な対応方法について慎重な検討が必要です。

　PHR指針では、健診等情報の相互運用性の確保のため、少なくともマイナポータルAPIを活用して入手可能な健康診断等の情報については、利用者へのエクスポート機能および利用者からのインポート機能を備えなければならないとされています。また、健診等情報のフォーマット等に関しては、マイナポータルAPIから出力される項目とフォーマットを基本とし、また、

互換性の高い汎用的なデータファイル（例えば、HL7CDA等）とすることで、利用者が取り扱うことができるようにしなければならないとされています。さらに、PHR事業者がサービスを終了する場合、利用者や他のPHR事業者への健診等情報のエクスポートが実施可能な期間を十分に確保しなければならないとされています。

　また、PHR事業者は、PHR指針への遵守状況を定期的に確認し、その結果を自社のホームページなどで公表しなければならないとされています。

⑷　3省2ガイドライン

　厚生労働省が公表する「医療情報システムの安全管理に関するガイドライン」（厚労省ガイドライン）と経済産業省・総務省が公表する「医療情報を取り扱う情報システム・サービスの提供事業者における安全管理ガイドライン」（経産省・総務省ガイドライン）は、3省2ガイドラインと総称されることが一般的です。PHR事業者は、医療に関する情報を取り扱うことになるため、これらの3省2ガイドラインの適用を受ける可能性があります。

　厚労省ガイドラインの適用対象については、医療情報を保存するシステムだけではなく、医療情報を扱う全ての情報システムと、それらのシステムの導入、運用、利用、保守や廃棄に関わる人と組織を対象としています。また、「医療情報」とは「医療に関する患者情報（個人識別情報）を含む情報」と広く定義されています。さらに、厚労省ガイドラインは、病院、一般

診療所、歯科診療所、助産所、薬局、訪問看護ステーション、介護事業者、医療情報連携ネットワーク運営事業者等（医療機関等）における電子的な医療情報の取扱いに係る責任者を対象としており、「医療情報連携ネットワーク運営事業者等」も適用対象に含まれることが示されています。このように、厚労省ガイドラインの適用範囲は少なくとも文言上はかなり広範であり、医療機関ではなく民間事業者であるからといって一概に厚労省ガイドラインの適用対象外であるとは判断できません。

　厚労省ガイドラインは、医療機関等と外部業者の責任分界や、安全管理の内容、診療録や診療諸記録を外部に保存する際の基準などについて、各種の考え方を示しています。特に、診療録や診療諸記録を外部に保存する際には「保存された情報を格納する機器等が国内法の適用を受けることを確認する」必要があるとされており、システム構築時のクラウドサービスや海外のベンダーの利用可能性に影響を与えます。また、診療録や診療諸記録を外部に保存する際には外部事業者に経産省・総務省ガイドラインを遵守させる必要があります。

　経産省・総務省ガイドラインの適用対象は、「医療機関等との契約等に基づいて医療情報システム等を提供する事業者」「医療機関等に提供する医療情報システム等に必要な資源や役務を提供する事業者」や、「患者等の指示に基づいて医療機関等から医療情報を受領する事業者」とされており、「医療情報」について厚労省ガイドラインと同一の定義を採用しています。したがって、経産省・総務省ガイドラインの適用対象も広範であり、PHR事業者が医療機関との間で機能連携を行う場合など

は、基本的に経産省・総務省ガイドラインの適用を受けること
になる場合が多いと考えられます。経産省・総務省ガイドライ
ンは、医療情報の安全管理に関する義務や責任、対象事業者と
医療機関等の合意形成、安全管理のためのリスクマネジメント
プロセスなどについて、各種の考え方を示しています。特に、
法令で作成・保存が義務付けられた医療情報については、「医
療情報及び当該情報に係る医療情報システム等が国内法の執行
の及ぶ範囲にあることを確実とする」必要があるとされてお
り、システム構築時のクラウドサービスや海外のベンダーの利
用可能性に影響を与えます。

　なお、3省2ガイドラインについては、文言上の適用範囲の
広さに加え、内容が技術的かつ大部で把握が容易でないこと、
歴史的な経緯により法的な位置付けの理解が難しいことにも留
意が必要です。3省2ガイドラインは、個人情報保護法に基づ
く個人データの安全管理義務を背景にしている要素と、法律上
作成保存が義務付けられている診療録などを電子的に取り扱う
ための要件（いわゆるe-文書法への対応）を背景にしている要
素とが併存しています。また、3省2ガイドラインの経緯とし
て、厚労省ガイドラインの初版は2005年3月に公表されてお
り、経産省・総務省ガイドラインの原型となった経済産業省の
ガイドラインは2008年7月に、総務省のガイドラインは2008年
1月に公表され、以後改正や統合が繰り返されています（2018
年7月以前は総務省が二つの関連するガイドラインを公表してい
たため各ガイドラインは「3省4ガイドライン」と総称されていまし
た）。2017年5月31日に施行された改正個人情報保護法により、

個人情報保護法の解釈権限が個人情報保護委員会に一元化され、厚生労働省、経済産業省および総務省が個人情報保護法の解釈権限を失ったため、3省2ガイドラインのうち、少なくとも個人情報保護法制に基づく個人データの安全管理義務を背景にしている要素については、個人情報保護法制に基づく個人データの安全管理義務を有権的に解釈して内容を具体化したものではないと言えます。そのため、3省2ガイドラインのうち、少なくとも個人情報保護法に基づく個人データの安全管理義務を背景にしている要素については、違反した場合に個人情報保護法の違反を問われるのかは必ずしも明確ではありません。もっとも、実務上は、保険医療機関が一定の保険診療点数の加算を受ける要件として、厚労省ガイドラインの遵守が求められており、間接的に、民間事業者においても、3省2ガイドラインを遵守することが事実上必要となることが多いでしょう。

2023年4月現在、3省2ガイドラインはいずれも改訂が予定されており、特に厚労省ガイドラインは分冊化され構成を大きく変えることが予定されています。今後、改訂版の内容および運用に注目する必要があります。

⑸ 「人を対象とする生命科学・医学系研究に関する倫理指針」

PHR事業者が取得した健康・医療に関する情報を用いて各種の分析を行う場合、「人を対象とする生命科学・医学系研究に関する倫理指針」（倫理指針）の適用を受ける可能性があります。

　倫理指針は、「人を対象とする生命科学・医学系研究に携わる全ての関係者が遵守すべき事項を定めることにより、人間の尊厳及び人権が守られ、研究の適正な推進が図られるようにすること」を目的として、文部科学省、厚生労働省および経済産業省が公表している指針です。法令ではありませんのでそれ自体に法的な拘束力はありませんが、研究の信頼性の担保に有益であるほか、厚生労働科学研究費補助金などの補助金の交付の条件とされ、違反があった場合には補助金の返還などを命じられる可能性があります。大学や研究所などが倫理指針を遵守するのはもちろんのこと、実務上は、民間事業者であっても、遵守しないという判断は基本的に難しいものと思われます。

　倫理指針は「我が国の研究者等により実施され、又は日本国内において実施される人を対象とする生命科学・医学系研究」に適用されます。「人を対象とする生命科学・医学系研究」の定義については、[**図表3-3-5**]をご覧ください。

　このように、「人を対象とする生命科学・医学系研究」はかなり広く定義されていますので、PHR事業者が取得した健康・医療に関する情報を用いて行う各種の分析は、「人を対象とする生命科学・医学系研究」に該当し、倫理指針の適用を受ける場合が多いでしょう。

　倫理指針の適用を受ける場合、研究計画書を作成して倫理審査委員会の審査を受けるとともに、被験者からインフォームド・コンセントを取得する必要などが生じます。研究計画書やインフォームド・コンセントに用いる書面の記載事項は詳細に定められています。また、インフォームド・コンセントの要否

[図表３－３－５] 「人を対象とする生命科学・医学系研究」の定義

〈人を対象として、次のアまたはイを目的として実施される活動〉
ア　次の①、②、③または④を通じて、国民の健康の保持増進、患者の傷病からの回復や生活の質の向上に資する知識を得ること
　①　傷病の成因（健康に関する様々な事象の頻度、分布、それらに影響を与える要因を含む）の理解
　②　病態の理解
　③　傷病の予防方法の改善・有効性の検証
　④　医療における診断方法や治療方法の改善・有効性の検証
イ　人由来の試料・情報を用いて、ヒトゲノムや遺伝子の構造・機能、遺伝子の変異・発現に関する知識を得ること

や具体的な内容については、研究の種類や取得する情報の内容などによって細かく場合分けされていますので、慎重な検討を要します。さらに、実務上は、大学などの研究機関と共同して研究を行うのか、どの倫理審査委員会の審査を受けるのかなどについても検討が必要です。

第 4 章

再生医療・遺伝子関連医療と法律・倫理

1　はじめに

　さて、本章では、ここまで紹介したものとは少し毛色の違った「ヘルステック」について紹介しようと思います。2012年に山中伸弥教授がiPS細胞の作製に関連してノーベル生理学・医学賞を受賞されたニュースを覚えておられる方も多いのではないでしょうか。また、2020年にエマニュエル・シャルパンティエ教授とジェニファー・ダウドナ教授がノーベル化学賞を受賞したCRISPER/Cas9（クリスパー・キャス・ナイン）というゲノム編集の技術は、ライフサイエンス・ヘルスケアの分野に革命的なインパクトを生み出す画期的な技術として驚きをもって受け止められました。このように、近年のバイオテクノロジーの発展には目を見張るものがあります。そして、このような最新のバイオテクノロジーを駆使した医療が、本章で紹介したい再生医療や遺伝子・ゲノムに関する技術を応用した医療です。これまでも数多くの医薬品や医療機器が生み出され、また医療関係者の不断の努力による医療技術の向上により、多くの病気を治すことができるようになりました。一方で、それらでは治すことのできない病気もまだ多く残っているというのが実情でもあります。そのような有効な治療法がなかった病気が、近時のバイオテクノロジーの目覚ましい発展のおかげで治せるようになるかもしれないと期待されており、希望の光となっているのです。

　本章では、はじめに、再生医療や遺伝子・ゲノム関連技術を

応用した医療とは具体的にどのようなものかについて簡単に紹介するとともに、これらに関連する法律や規制を理解しやすくするために、その特徴を踏まえた幾つかの分類についても説明したいと思います。

　その上で、新しく再生医療や遺伝子・ゲノム関連技術を応用した医療を作り上げていく過程、すなわち「研究開発」の段階に関係する法律や規制と、これらの新しい医療を実際に患者に届けていく過程、すなわち「臨床応用」の段階に関係する法律や規制について、順番に紹介したいと思います。できる限り早く最先端の医療を患者に届けたいという思いと、有効でない医療や安全でない医療を患者に届けてはならないという思いとをいかに両立するかが、これらの法律や規制を作る際にも、理解する際にも、重要な視点となってきます。

　そして最後に、「生命倫理」の問題についても、是非読者の皆様と一緒に考えてみたいと思います。本章で取り上げる最新のバイオテクノロジーが取り扱う対象である細胞や遺伝子・ゲノムは、正に人間という生き物を形作る根幹とも言うべきものです。そこに人間自身の手で変化を加えるというのは、神の領域に踏み込むかのような、どこか畏れに近い感覚を持つ方もおられるかもしれません。倫理と言うと、なんだか堅苦しい話に聞こえてしまいますが、多くの病気を治す可能性を秘めた新たな道具を手に入れつつある今、生命というものにどのように向き合うべきか、必ずしも正解のない問いが、改めて人類に突きつけられていると言っても、決して大袈裟ではないように思います。

2　再生医療・遺伝子関連医療とは

　読者の皆様の多くが、一度は再生医療という言葉を耳にした
ことがあるのではないかと思います。再生医療とは、一般的に
は、機能障害や機能不全になってしまった体の組織や臓器に対
して、細胞を積極的に利用して、その機能の再生を図るものを
言うと考えられています。例えば、機能不全となっている臓器
に対して、その臓器に必要な細胞を培養して注入したり、細胞
のシートを部分的に貼り付けたりして、その臓器の働きを回復
させるといった方法は、再生医療の一つです。また、細胞を増
殖させて人工的な臓器を丸ごと作製して移植するといった方法
なども、まだまだ実用化までには課題が山積みですが、再生医
療の一つと言えます。

　次に、遺伝子関連医療ですが、本書では、遺伝子やゲノムに
関連する知見や技術を応用した様々な医療の総称として、便宜
的にこの言葉を使用しています。遺伝子とは、人間の体の設計
図に当たるもので、４種類の物質で形作られるDNA（デオキシ
リボ核酸）の文字列で表されるタンパク質の設計図を意味しま
す。また、ゲノムとは、このDNAの文字列に表される情報全
体を意味します。遺伝子関連医療には、患者のゲノムを読み
取って、その患者の症状に最適な治療法を提供していくという
医療や、最新の遺伝子・ゲノムに関連技術を応用して、従来の
医薬品とは異なる方法で病気を治療する医療など、様々なもの
が存在します。例えば、前者の代表例として、がん細胞のゲノ

ムを調べて、患者それぞれのがんの性質や特徴を把握し、それに適した治療法を提供していく、いわゆる「がんゲノム医療」があります。

本章では、このような再生医療や遺伝子関連医療と呼ばれるものの中でも、特に、細胞や遺伝子・ゲノムに関連する技術を用いて、これまでは有効な治療法がなかった病気に対する新たな治療法を開発し、患者の元に届けるという場面を思い浮かべながら、関係する法律や規制の枠組み、そして倫理の問題について見ていきたいと思います。ただ、そのような病気の治療法の中にも、これまた様々な種類のものがあります。そのため、幾つかの観点から分類して整理しておいた方が、この後に紹介する法律や規制の枠組みを理解しやすくなります。具体的には、①遺伝子治療とゲノム編集治療、②in vivo治療とex vivo治療、③製品と個別治療という分類について、順番に紹介していきます。細胞や遺伝子・ゲノムに関連する技術を応用した医療を開発する際や患者に届ける際に関係する法律や規制は、このような分類の組合せによって異なってきますので、やや専門的な用語が登場してしまいますが、少しだけお付き合いください。

⑴ 遺伝子治療とゲノム編集治療

「遺伝子治療」とは、遺伝子を外から補充したり付加したりする治療のことで、病気の原因となっている異常な遺伝子とは別の場所に正常な遺伝子を組み込むことにより病気を治す方法を意味します。ただ、本来狙った場所に正常な遺伝子がうまく

入らない、オフターゲットと呼ばれる現象が起きる可能性もあり、その場合には細胞ががんになってしまうリスクなどもあると言われています。

　次に、「ゲノム編集治療」とは、ゲノム編集の技術を使って、病気の原因となっている異常な遺伝子そのものを破壊したり、修復したりして病気を治す方法を意味します。ゲノム編集治療では、狙った遺伝子をピンポイントで破壊したり修復したりすることになりますので、先ほど紹介した遺伝子治療でも治療できないような病気を治療できるようになるのではないかと期待されています。また、オフターゲットによるがん発生のリスクを抑えるメリットもあるのではないかと言われています。冒頭に紹介したCRISPER/Cas9（クリスパー・キャス・ナイン）という技術は、これまでにないほど簡単かつ正確に狙った遺伝子を編集することができる画期的な方法と言われていますが、このようなゲノム編集技術の急速な発展と共に、現在世界中で熱心にゲノム編集治療の開発が進められています。

[図表4－2－1]　遺伝子治療・ゲノム編集治療

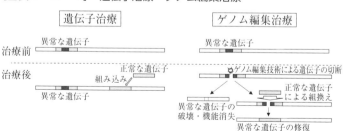

出所：独立行政法人医薬品医療機器総合機構科学委員会「ゲノム編集技術を
　　　用いた遺伝子治療用製品等の品質・安全性等の考慮事項に関する報告
　　　書」図1を一部改変。

　遺伝子治療とゲノム編集治療とは、一見すると似たような名前で混乱しやすいのですが、実は異なる技術を用いた治療法を指しています（[**図表 4 － 2 － 1**]）。

⑵　in vivo治療とex vivo治療

　「in vivo」「ex vivo」という言葉を初めて聞いたという方も多いかもしれません。やや専門的な用語になってしまいますが、「in vivo」とは「生体内で」という意味の、「ex vivo」とは「生体外で」という意味の、それぞれラテン語に由来した言葉です。そこから、「in vivo治療」とは、ウイルスなどを用いたいわゆる「運び屋」（「ベクター」と呼ばれることもあります）に治療のための遺伝子を組み込んで、患者の「体内に」直接投与する治療法のことを意味します。これらの運び屋たちが、治療のための遺伝子を患者の体内で目標となる細胞まで運んでいき、その細胞の中に治療のための遺伝子を組み込むことによって、病気を治すわけです。一方、「ex vivo治療」とは、一旦患者自身の細胞を患者の「体外に」取り出した上で、その患者自身の細胞に、治療に用いる遺伝子を組み込んでしまいます。その上で、新たな遺伝子が組み込まれた患者自身の細胞を元のように患者の体の中に戻し、その細胞が患者の中で増殖したりすることによって、病気を治すわけです。

　同じように遺伝子を患者の細胞に組み込むことによって病気を治療するわけですが、治療のための遺伝子を患者の体の外側で細胞に組み込むのか、体の内側で細胞に組み込むのかによって、異なるタイプの治療法として位置付けられています（[**図**

[図表4-2-2]　in vivoとex vivo

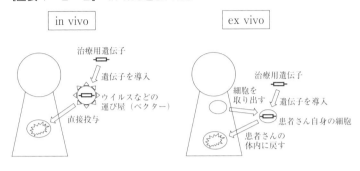

表4-2-2])。

⑶　製品と個別治療

　「製品」と「個別治療」とは、患者の元に実際に新しい治療法を届ける際の方法に関する分類です。「製品」とは、その言葉どおりではありますが、企業がその新しい治療法を製品の形で製造した上で、市場に流通させ、最終的に医療機関がこれを購入することにより、患者の元に届くという方法を意味します。一方、「個別治療」とは、それぞれの医療機関や医師が、個々の患者を治療する過程で、その患者のために、個別に細胞の加工などを行ってその治療方法を準備し、あくまで個別の医療行為として患者に新しい治療法を届けるという方法を意味します。

⑷　現在実用化されている治療法の例

　最後に、このような細胞や遺伝子・ゲノムに関連する技術を活用した治療法として、現在既に日本でも実用化されている代

表的な例について、幾つか紹介したいと思います。

　まず、2019年に、白血病やリンパ腫といったがんに対する新たな治療法として、患者のＴ細胞というリンパ球の一種を体の外に取り出して、これに特別な遺伝子を導入し、がん細胞を攻撃する細胞に作り替えて、患者の体内に戻すという方法が、日本でも実用化され、企業によって製造・販売されるようになりました。先ほど紹介した分類を当てはめてみますと、体外に取り出した患者自身の細胞に遺伝子を組み込んだ上で、再び患者の体内にその細胞を戻すという治療法ですから、「ex vivo」の「遺伝子治療」の「製品」ということになります。

　また、2020年には、脊髄性筋萎縮症という歩行や呼吸にも障害を及ぼしうる神経の難病に対する新たな治療法として、この病気の原因である、ある遺伝子の機能が欠けてしまっている部分に対し、ウイルスを運び屋として、正常な遺伝子を直接投与することにより、これまでうまく生産できなかった必要なタンパク質を患者の体内で安定して生産できるようにするという方法が、日本でも実用化され、企業によって製造・販売されるようになりました。こちらも先ほど紹介した分類を当てはめてみますと、治療のための遺伝子を患者の体内に直接投与するという治療法ですから、「in vivo」の「遺伝子治療」の「製品」ということになります。

　一方、遺伝子治療とは異なる分類として紹介したゲノム編集治療については、開発は盛んに行われているものの、現時点では残念ながら実用化には至っていません。数年以内には欧米で実用化されるのではないかとも言われており、期待が高まって

います。

3 研究開発に関する法規制

　さて、いよいよ、これまで紹介してきたような新しい治療法を研究し開発していく段階に関係する法律や規制の内容について見ていきたいと思います。ただ、その前に、まずは医療用の製品や技術について研究開発を行う際の一般的な流れについて、簡単におさらいしておきましょう（[図表4－3－1]）。

　新しい治療法を生み出すためには、まず、治したいと考えている病気のメカニズムなどをよく研究・分析しなければなりません。その上で、治療に用いる候補となる化合物や遺伝子、技術などをたくさんの選択肢の中から絞り込んで、特定していきます。これは有望だ、という化合物や遺伝子などを見定めたら、まずは細胞や動物などを使って、安全性や有効性を確認するための試験を行います。この段階で、どのような効き目がありそうか、どのような副作用が起きそうかなどについて、ある程度把握した上で、人間の病気に対する治療法として使える可能性がありそうだと判断されれば、いよいよ、人間に対して実際にその治療法を使って、安全性や有効性を確認する試験を行

[図表4－3－1]　医薬品等の研究開発のライフサイクル

病気の研究・分析	候補化合物や遺伝子の特定	細胞・動物に対する試験	人間に対する試験	国による審査

うことになります。そして、実際に人間に対して使用した試験
のデータに基づき、人間に使用した場合の安全性や有効性が確
認できて初めて、患者に対して新しい治療法を広く届けること
ができるようになります。多くの場合は、この安全性や有効性
の最終確認にあたって、国による審査を受けて、その承認を受
けなければなりません。

　このような一連の研究や開発には、10年単位での長い年月を
要することが一般的で、開発にかかる費用も想像を絶する金額
となることが多くなっています。また、研究開発の初期の段階
では、新たな治療法の有望な候補だと思われていた物質や方法
の多くが、長い年月をかけたプロセスの中で、安全性に問題が
あることが分かったり、思っていたほどの有効性がないことが
分かったりして、脱落していきます。実際に実用化に漕ぎ着け
ることができるのは、ほんの一握りの物質や方法だけという、
とてもシビアな世界なのです。

　この長い研究開発のプロセスの中でも、特に重要な法律や規
制が設けられていて注意が必要となるのは、開発中の新たな治
療法を人間に対して実際に使用する、いわゆる「臨床試験」を
行う段階です。この段階のことを「臨床開発」と呼ぶことがあ
りますが、そこで行う臨床試験の目的や内容が、①製品として
市場に流通させることを目指して行うものか、それとも、②学
術的な研究や個別治療としての実用化を目指して行うものかに
よって、関係する法律が分かれてきます。また、臨床試験の対
象となる治療法の内容が、先ほど紹介した「in vivo治療」か、
それとも「ex vivo治療」かによっても、関係する法律が分か

れてきます。

　さらに、この臨床開発の段階の規制の中には、法律だけでな
く、指針などと呼ばれる行政機関の通達などによって定められ
たものもあり、その全体像を複雑にしています。ただ、実務的
に重要なルールは、このような指針などの中で示されているこ
とも多いため、法律だけを見るのではなく、これらの指針など
にもしっかりと目配りをすることが大切です。

　そして、忘れてはいけないのが、通称「カルタヘナ法」と呼
ばれる法律による規制です。医療用の製品や技術の研究開発以
外の場面にも広く適用される法律なのですが、特にウイルスな

[図表4－3－2]　臨床開発段階の規制の概要

臨床研究		治験	
in vivo	ex vivo	in vivo	ex vivo
臨床研究法	再生医療法 （＋臨床研究 法の一部）	薬機法	
遺伝子治療等 臨床研究に関する指針 （第1章・第3章）	遺伝子治療等臨床研究に関する指針 （第1章）		
		・遺伝子治療用製品等の品 　質及び安全性の確保に関 　する指針 ・ゲノム編集技術を用いた 　遺伝子治療用製品等の品 　質・安全性等の考慮事項 　に関する報告書	
カルタヘナ法（ウイルスを用いる場合等）			

どを用いた治療法の場合には、この法律が求める手続や措置をとらなければならないことがあります。その場合、結構な時間や費用を必要とすることになり、臨床開発全体のスケジュールやコスト管理の面で大きな影響が生じる可能性がありますので、よく注意する必要があります。

　ここまでに述べた臨床開発段階に関する法律や規制の概要をお示ししたのが［**図表4－3－2**］です。いろいろな法律や規制が入り組んでいて、複雑だなと思われるかもしれません。ただ、それぞれの法律や規制の根底には、似たような考え方が横たわっており、その大きな枠組みを理解することができれば、決して難しいものではありません。それでは、それぞれの法律や規制の内容について、順番に紐解いていきましょう。

⑴　**治　　験**

　「治験」とは、臨床試験の中でも、特に、新しい治療法を製品として市場に流通させることを目指して行うものを指します。治験を実施する際のルールは、「医薬品、医療機器等の品質、有効性及び安全性の確保等に関する法律」、いわゆる「薬機法」において定められています。ただ、法律自体の中には、抽象的なことしか書かれておらず、より細かいルールについては、通称「GCP（Good Clinical Practice）」と呼ばれる厚生労働省が定める省令の中で定められています。この「GCP」という言葉は、臨床試験を実施する際に守るべきルールを総称するものとして、世界各国でも広く用いられている言葉です。そして、そのルールの内容についても、世界各国で可能な限り統

一しようという動きがあり、日本の厚生労働省が定めるGCP省令に書かれた様々なルールも、基本的にそのような統一的なルールを反映したものとなっています。

　では、具体的にどのようなルールが定められているのかについて、概要を見てみましょう。治験を実施する場合には、最初に綿密な計画を作成することが求められます。どのような人たちを対象に、どのような方法で開発中の新しい治療法を使用し、どのような基準で安全性や有効性について判断するのかといった内容をあらかじめ細かく定めておく必要があります。そして、その計画の内容が、科学的な観点や倫理的な観点から妥当なものかどうかについて、治験を実施する各医療機関に設置された専門の委員会で審査してもらう必要があります。また、治験を開始する前には、その治療法を開発している企業と治験を実施する医療機関との間で、治験の内容や費用負担、記録等の保管、万が一健康被害が生じた場合の補償などについて定めた契約を結んでおかなければいけません。加えて、原則として、どのような治験を実施するかについて、国に対して事前に届出を行うことも必要とされています。

　このようにして、企業と医療機関との間で事前の準備を整えた後、実際に治験に参加する患者らに対して、治験の内容を分かりやすく説明した上で、治験に参加することについての文書による同意を得なければなりません。いわゆる「インフォームド・コンセント」と呼ばれるもので、治験を実施するためのプロセスの中でも、最も重要なステップの一つということができます。そして、参加する患者らに対して開発中の新しい治療法

を実際に使用することができたら、その結果得られることになる、患者の病気の症状が改善したかという有効性に関するデータや、何か副作用が生じていないかという安全性に関するデータなどを記録していく必要があります。その際、記録の方法にミスがあったり、極端な場合には企業にとって都合が良いように改ざんされたりしてはいけませんので、データの信頼性を確保するために、モニタリングや監査なども必要になってきます。最後に、各医療機関がそれらのデータをまとめた報告書を作成して、この新しい治療法を開発している企業に対して提出します。提出された報告書の内容や具体的なデータが、この新しい治療法を将来患者の元に届けられるか否かを判断するための、最も重要な情報となるわけです。

　これらのルールを守らずに治験を行ってしまうと、どうなるのでしょうか。まず、最終的にその製品を市場に流通させてよいか否かを国が審査する過程で、その試験のデータを使用することはできなくなります。それだけではなく、適切な治験を実施しなかったり、正しい試験データを提出しなかったりしたことについて、厚生労働省からの指導や処分を受ける可能性もあります。何より、実際に人間を対象として試験を行っているにもかかわらず、必要なルールを遵守していないとなると、治験に参加した患者らの生命や身体に危険を及ぼすリスクがありますし、人権を侵害してしまうリスクもあります。そのため、ルールを守らずに不適切な治験を行ってしまった場合には、企業や医療機関としてのレピュテーションが大きく傷ついてしまう可能性もあります。

⑵ 臨床研究

　次に、研究開発中の新しい治療法について、製品として市場に流通させることを目指すのではなく、あくまで学術研究の目的で臨床試験を行う場合や、医師が個別の医療行為として患者に提供するという形での実用化を目指して行う臨床試験に関連する法律や規制について紹介します。このような臨床試験を行う場合には、試験の対象となる治療法の分類によって、原則として、「再生医療等の安全性の確保等に関する法律」（本章では、「再生医療法」と略します）または「臨床研究法」に基づくルールが適用されることになります。それぞれについて、内容を見ていきましょう。

a　再生医療法

　再生医療法は、再生医療技術の発展と共に研究から自由診療まで多様な再生医療が混在する状況が生じてしまっていた中で、特に安全性の面で早急にルールを定める必要があるという声を受けて、2013年に制定された、比較的新しい法律です。具体的には、細胞に培養その他の加工を施したものを用いて、人の身体の構造または機能の再建や修復を行ったり、疾病を治療したりすることを目的とする技術について、研究を行ったり、そのような技術を実際に治療として患者に届けたりする際に守るべきルールが定められています。先ほど紹介した分類で言いますと、ex vivo治療、すなわち人の体の外で細胞を加工して人の体の中にその細胞を戻すというタイプの治療法に関する臨

床試験を実施する場合には、研究として行う再生医療として、再生医療法のルールが適用されることになります。

　再生医療法は、様々な再生医療に適用されるルールを定めた法律ですので、対象となる再生医療のリスクの大きさに合わせて、3段階のレベルの異なる手続を定めているところが特徴的です。あまりリスクの高くない再生医療を行う場合には、比較的簡単な手続の実施のみを求める一方、リスクの高い再生医療に対しては、より重い慎重な手続の実施を求めています。本章で注目しているような、細胞の加工にあたって遺伝子やゲノムに関連する最先端の技術を活用するような医療の場合には、そのリスクの大きさを考えて、3段階のうち最も重く慎重な手続の実施を求められるのが通常です。

　では、再生医療法の下で研究としての再生医療を行う場合に、最も重く慎重な手続や守るべきルールとしてどのようなことが定められているのか、概要を見てみましょう。この場合も、まずは対象となる再生医療を実施する医療機関において、どのような再生医療を提供するかについて、しっかりと計画を作成しなければなりません。その上で、その計画の内容について、厚生労働大臣の認定を受けた特別な委員会における審査を受ける必要があります。委員会において無事に了承された計画は、実際にその再生医療を開始する前に、厚生労働大臣へ提出しなければなりません。そして、最も重く慎重な手続の場合には、この計画の内容について、更に国が設置する特別な審議会からの意見を聴くというプロセスが設けられており、その意見の内容によっては、計画内容の変更が求められることもありま

す。臨床試験に参加する患者らに対しては、事前にインフォームド・コンセントのプロセスを採る必要がありますし、研究が適正に行われているかについてモニタリングや監査も必要です。研究が終わると、実施した医療機関において、その研究の結果をまとめた報告書を作成することが求められます。

　これらの手続やルールを守らずに研究としての再生医療を行ってしまうと、どうなるのでしょうか。例えば、厚生労働大臣に対して計画を提出せずに再生医療を行ってしまうと、罰則の対象となる可能性があります。また、安全性に問題がある形で再生医療が提供されているような場合には、厚生労働大臣から改善するよう命令を受けたり、一時的に再生医療の提供を停止するよう命令を受けたりすることもあります。そして、そのような命令を守らない場合には、やはり罰則の対象となる可能性があります。

　こうやって見てみると、手続やルールの大きな枠組みは、既に紹介した治験のときに守るべき内容と似ているところが多いと思います。

b　臨床研究法

　今から約10年ほど前に、試験データの改ざんなど、製薬会社の従業員による臨床試験に対する不適切な関与の事案が相次いで発覚したことを受けて、臨床研究に対する国民の信頼を確保するために2017年に新たに制定された法律が、臨床研究法です。この法律は、臨床研究に対して広く適用されるルールを定めていますが、その中でも特に、まだ国からの承認を得ていな

い医薬品などを使った臨床研究や、製薬会社などから資金の提供を受けて行う臨床研究などについて、より厳格なルールを定めているところが特徴です。先ほど紹介した分類で言いますと、in vivo治療、すなわちウイルスなどの運び屋を使って治療のための遺伝子を患者の体の中に直接投与するという治療法についての臨床試験を実施する場合には、一般的に臨床研究法の厳格なルールが適用されることになります。

　では、具体的にどのようなルールが定められているのかについて、概要を見てみましょう。まずは実施する臨床試験の計画をしっかりと作成しなければなりません。その計画の適切性については、厚生労働大臣が認定した特別な委員会での審査を受ける必要があります。審査を無事に通過した計画については、厚生労働大臣に提出することが求められます。臨床試験に参加する患者らに対してはインフォームド・コンセントが必要ですし、試験が適切に実施されているかを確認するためのモニタリングや監査も必要です。研究の結果は、実施した医療機関が報告書にまとめなければいけません。

　また、臨床研究を実施する医療機関は、製薬会社などから研究資金の提供を受けるにあたって、一定の内容の契約を結ばなければならないとされているのが、臨床研究法が定める特徴的なルールの一つです。また、臨床研究を実施する医療機関と製薬会社などとの間の利害関係の有無および内容を公表しなければならないというルールもあります。冒頭に紹介した臨床研究法制定のきっかけとなった複数の不適切事案からの反省を踏まえて、臨床試験を行う医療機関と製薬会社との間の関係性につ

いてより透明性を持たせ、実施される臨床研究への信頼を確保しようという狙いで定められたルールです。なお、このような透明性に関するルールは、先ほど紹介した研究としての再生医療の場合にも適用されますので、注意が必要です。

これらの手続やルールを守らずに臨床試験を行ってしまうと、厚生労働大臣からこれを改善するよう命令を受けたり、その臨床試験を停止するよう命令を受けたりすることもあります。また、停止命令に従わない場合には、罰則の対象となる可能性があります。

さて、臨床研究法についても、ルールや手続の大きな枠組みは、これまでに紹介した治験や研究として行う再生医療の際に守るべき内容と、よく似ていると感じられたのではないでしょうか。それぞれの臨床試験の場面や目的によって、異なる配慮が必要な点はあるものの、安全性や有効性が明らかになっていない新しい治療法を試験的に使用していることを考えると、対象となる患者らの生命や身体、人権を守るとともに、試験の結果を信頼できる内容とするために必要なルールや手続は、おのずと共通の考え方に従ったものになるのです。

⑶　指針など

これまで紹介してきたように、それぞれの分類の臨床開発には異なる法律のルールや手続が適用されるのですが、治験以外の臨床試験については、再生医療法や臨床研究法が制定される以前は、「遺伝子治療等臨床研究に関する指針」という厚生労働省の通達によって、その実施のためのルールや手続が定めら

れていました。今でも、臨床研究法の下で、in vivo治療に関する臨床試験を実施する場合には、研究計画の内容やインフォームド・コンセントの手続などについて、この指針で定められた遺伝子治療等における臨床研究特有のルールにも従って行わなければならないとされています。また、治験に関しても、これまでに紹介した薬機法やGCP省令といったルールに加えて、遺伝子治療のための製品に関する品質や安全性に関する指針が厚生労働省の通達として定められています。

　さらには、これまで紹介した薬機法、再生医療法、臨床研究法それぞれの法律が定める様々なルールの解釈や手続の詳細などについては、厚生労働省が出している大量の通達の中で、こと細かに示されています。実務の中では、これらの通達の内容がとても重要になります。もちろん本書ではその詳細まで紹介することはできませんが、臨床開発に適用されるルールや手続をより正確に把握しなければならないときには、このような厚生労働省の通達を丹念に紐解いていく必要があるのだな、ということを頭の片隅に置いておいていただけたらと思います。

⑷　カルタヘナ法

　カルタヘナ法という法律の名前を初めて聞かれる方も多いかもしれません。正式名称を「遺伝子組換え生物等の使用等の規制による生物の多様性の確保に関する法律」と言い、生物多様性を確保することを目的とした規制について定めています。

　なぜ、本書で紹介しているような新たな病気の治療法と生物多様性とが関係するのでしょうか。それは、本書で注目してい

る治療法では、生物の遺伝子・ゲノムに手を加えることになるからです。例えば、自然界では本来持ちえない遺伝子を組み込まれたウイルスが、自然界に放出されてしまった場合を想像してみてください。もしかすると地球の生態系に何か予想外の変化を与えてしまうのではないか、という不安を覚える読者も多いのではないでしょうか。

　カルタヘナ法は、大きく分けて、本来とは異なる遺伝子を組み込んだ生物などを一定の場所に閉じ込めた状態で使用する場合と、そのような生物などを外部の環境の中へ広がっていってしまう状態で使用する場合とで、それぞれ異なる規制を設けています。前者の場合には、本来とは異なる遺伝子を持つ生物などが環境の中に広がっていかないようにするための措置として、関係する省令に定められた措置や関係する大臣の確認を受けた措置をとることが求められます。一方、後者の場合には、そのような本来とは異なる遺伝子を持つ生物などを使用するためのルールを定め、またその生物などが生物多様性に対してどのような影響を与えるかという点を評価した書面を取得するなどした上で、事前に所管の大臣からの承認を得なければならないなど、より重い手続が求められます。後者の場合は、実際に遺伝子・ゲノムに手を加えられた生物が自然界に出ていくことになりますので、より慎重な手続が必要なのです。

　今回紹介している新たな治療法の中ですと、例えばウイルスを運び屋として使って患者の細胞に特定の遺伝子を届けるというタイプの治療法を臨床試験で患者に使用するという場合には、この患者を介して、本来とは異なる遺伝子が組み込まれた

ウイルスが、環境の中へと広がっていくリスクがありますので、より重い規制の適用を受けることがあり、注意が必要です。なお、もしカルタヘナ法の規制を守らないと、行政機関からの命令により、対象となるウイルスなどの使用ができなくなったり、罰則の対象となったりする可能性があります。

4　臨床応用に関する法規制

　研究開発に成功して、ついに患者に新しい治療法を届けられそうだとなったとき、今度はどのような法律や規制に気を付ける必要があるでしょうか。ここでは、大きく分けると、「製品」として市場に流通させることで患者の元に届けるのか、それとも医師による個別の治療の中でその治療法を届けていくのかで、規制の枠組みが異なってきます。

　製品として市場に流通させる場合には、薬機法が定める流通に関する様々な規制の適用を受けることになります。したがって、国や都道府県からの承認や許可などの取得のほか、製造や品質の管理などについて厳格なルールの適用を受けることになります。一方、医師による個別治療として提供していく場合には、薬機法に基づく許可などは必要ありません。ただし、細胞を加工することにより提供する治療法の場合には、先ほど紹介した再生医療法の規制が適用される場合があります。

　また、製品として市場に流通させることで患者に届ける場合とそうでない場合とで、大きく異なってくるのが、その治療法に保険が適用されるかどうかの点です。市場に流通させるため

に薬機法に基づく国からの承認を得た製品については、多くの場合は保険が適用されることになり、患者の費用負担が軽減されることになります。一方、医師による個別治療として提供していく場合には、原則として保険が適用されないため、患者に高額な医療費の負担が発生してしまいます。

　では、それぞれの法律や規制について、もう少し詳しく見ていきましょう。

(1) 製品の流通

　新たな治療法を製品として市場に流通させ、患者に届けるという事業は、誰でも行えるわけではありません。薬機法の下で、大きく分けて2種類のライセンスを取得する必要があります。具体的には、医療用の製品を流通させる事業を営んでよいという「ビジネス」についてのライセンスと、それぞれの具体的な製品について市場に流通させてよいという「プロダクト」についてのライセンスです。細胞や遺伝子・ゲノムに関連する技術を用いた製品を患者に届けるためには、それを流通させる企業自身が製造販売業と呼ばれるビジネスのライセンスを取得するとともに、流通させたい製品ごとに製造販売承認と呼ばれるプロダクトのライセンスを取得する必要があります。また、実際に製造を行う製造所では、製造業という別のビジネスのライセンスを、医療機関に向けて販売を行う営業所では、販売業という別のビジネスのライセンスを、それぞれ取得する必要があります。これらのビジネスのライセンスを取得するためには、人や設備に関する様々な体制づくりが必要となります。ま

た、プロダクトのライセンスを取得するためには、治験で得られたデータを国に提出して、それぞれの製品の安全性や有効性についての厳格な審査を受けなければなりません。

　医療用の製品の流通は、これらのライセンスさえ取ってしまえば、自由にできるというわけでももちろんありません。患者の生命や身体に直接影響を与える製品ですから、その製造や品質管理は極めて慎重かつ厳密に行わなければなりません。近年、医薬品に関して、本来認められている製造方法とは異なる方法で製造していたり、品質のチェックをきちんと行っていなかったりといった不適切な事案が相次いで発覚しました。読者の皆様の中にも、ニュースなどでご覧になった方は多いのではないかと思います。製造や品質の管理がずさんであると、場合によっては患者を死に至らしめたり、重篤な健康被害を生じさせたりする可能性があります。そこで、薬機法およびそれを受けて厚生労働省が定める省令などの中で、製造管理や品質管理について、厳格な規制が設けられているのです。

　最後に、忘れてはいけない大切な規制が、市場に流通している製品に関する安全性の監視です。新たな医療用の製品は、長い研究開発のプロセスを経て、安全性に問題がないと確認されたからこそ、晴れて市場に流通させることができています。しかし、治験の中でそれを実際に使用した患者の数は限られていますし、実際の医療現場で多くの患者に使用されて初めて判明する副作用もあります。治験の中で確認できる安全性は、完全なものではありません。そのため、医療用の製品を市場に流通させている企業は、副作用などの情報を医療機関などから入手

した場合には、いち早く行政に対して報告することが求められています。また、品質や安全性などに問題がある製品があれば、直ちに回収などの適切な措置をとらなければなりません。

　このように、医療用の製品を市場に流通させて患者の元に届けるためには、薬機法に基づく様々な規制を守る必要があります。

⑵　個別治療の提供

　一方、製品として市場に流通させるのではなく、医師が個別の治療の中で新しい治療法を患者に提供していくという場合には、薬機法に基づくライセンスなどは必要ありませんし、製造などについての厳格な規制が適用されるわけでもありません。

　ただし、細胞を加工して提供する治療法の場合には、先ほど紹介した再生医療法の規制の適用を受ける場合があり、治療を提供するための計画を作成し、厚生労働大臣が認定した委員会や国の審議会によるチェックを受け、患者に対してインフォームド・コンセントを実施するといった手続が必要になります。また、研究として行う再生医療の場合も同様なのですが、医師が自ら細胞の加工を行うのではなく、他の企業などに委託して加工を行ってもらうような場合には、細胞の加工を請け負う企業は、再生医療法に基づく特別なライセンスを厚生労働大臣から取得しなければならない点にも、注意が必要です。

　とはいえ、再生医療法の適用がある場合にしても適用がない場合にしても、薬機法に基づいて国が厳格に安全性や有効性を審査した上で患者に届けられるというものではありませんの

で、あくまでその治療法を提供しようとする医師の高度の専門
性と責任の下で患者に対して提供されることが大前提となりま
す。

⑶ **保険の適用**

ふだん、病院で医療を受ける場合には、保険証を示して、3
割などの自己負担分のみを支払うというのが一般的なイメージ
だと思います。このように一部の負担だけで医療を受けること
ができるのは、提供される診療の内容や医薬品などが、健康保
険などの公的な保険の対象になっているからです。もし保険の
対象になっていなければ、患者が自ら診療に対する報酬や医薬
品の代金の全額を負担しなければなりませんので、とても大き
な負担になります。だからこそ、新しい治療法に保険が適用さ
れるか否かは、患者にとって重要な問題ですし、できる限り多
くの患者に新しい治療法を届けたいと思っている医療機関や企
業の側にとっても、重要な問題なのです。

保険が適用されるか否かは、対象となる新しい治療法が、薬
機法に基づく承認を得て患者に製品として提供されるものか、
それともあくまで医師が個別の治療として提供するものかに
よって、異なってきます。

薬機法に基づく承認を得て患者に提供される製品について、
保険の適用を希望する場合は、企業がその旨を厚生労働省に申
請します。必要な審査などを経て無事に保険の適用対象として
認められれば、患者は3割などの自己負担のみでその新しい治
療を受けることができるようになります。保険の適用対象とな

る場合には、国がその新しい治療法の価格を定めて全国一律で適用されるというのも大きな特徴です。ちなみに、先ほど紹介した脊髄性筋萎縮症のための新しい治療法については、1億6,000万円を超える価格が国によって設定されました。国が定める価格が1億円以上にもなる高額な治療法ですと、自己負担が3割だとしても患者自身で何千万円もの負担が必要になり、決して楽なものではありません。このような場合には、自治体の高額療養費の補助制度などを活用して、患者の負担を抑えていくことになります。

　一方、保険の適用がない場合、患者はその治療法について全額を負担しなければならないだけではありません。その治療法に関連して実施する検査や診療など、本来であれば保険の対象である医療についても、保険の適用がない治療法と一緒に提供されることによって、全て保険外のものとして扱われてしまうのが原則です。これは「混合診療の禁止」と呼ばれる規制で、患者に対して保険外の負担を求めることが一般化し、結果として患者の負担が不当に拡大することや、安全性や有効性などが確認されていないような科学的根拠のない特殊な医療を助長することを防ぐために設けられているものです。しかし、この規制が常に適用されるとなると、せっかくの新しい有望な治療法への患者のアクセスが極端に難しくなってしまいます。そこで、幾つかの例外的な制度が設けられています。その一つが、「先進医療」と呼ばれる制度です。これは、ある新しい治療法などについて、将来的に保険適用をすべきかどうかを見極めるための評価を行うものとして、まだ保険の適用対象となってい

ない先進的な治療法と保険の適用対象となっている医療との併用を認めるものです。この場合、新しい治療法自体の費用については引き続き全額患者が負担しなければならないのですが、それに関連して実施されるその他の検査や診療などについては、通常の保険適用の医療として扱われるので、一部の自己負担のみで受けることができるようになります。

5　生命倫理との交錯

　2018年に、中国でゲノム編集ベビーが誕生した、という衝撃的なニュースが流れたことを覚えておられる方もいらっしゃるかもしれません。中国の研究者が、HIV保因者のカップルの受精卵を対象に、CRISPER/Cas9（クリスパー・キャス・ナイン）を用いてHIV感染に関係する遺伝子を編集し、そこから双子を誕生させることに成功したと発表したのです。この発表に対しては、世界中から非難が集中するとともに、遺伝子・ゲノムに関連する技術の臨床現場での応用の在り方について、改めて大きな議論を巻き起こす契機となりました。

　ここでは一体何が問題になるのでしょうか。「病気に関する遺伝子を親から引き継ぐリスクがあるならば、それを取り除いてあげた方が、生まれてくる赤ちゃんのためにも良いのではないか」。そのような考え方は完全に正しいようにも思えます。他方で、生まれてくる前の受精卵にゲノム編集を行うことが普通に認められる世界を想像してみると、どうでしょうか。例えば、生まれる前に遺伝子を操作された人が増えて、その人がま

た子供を生んでという流れが繰り返される中で、人類の多様性に何か予期しない悪い影響を与えるリスクはないのでしょうか。現在の科学ではこれを正確に予測することはできません。また、そのようなリスクを回避するために、遺伝子を操作した受精卵から生まれた人の生活を全て記録し、管理しようという流れになりそうです。しかし、そうするとその人のプライバシーが保障されないのではないかという懸念が生じます。さらには、生まれる前のゲノム編集という医療を誰もが皆簡単に受けられるとも限りません。そうすると、そのような医療を受けて病気のリスクを減らすことができた人とそうではない人との間で、差別が生じるおそれも否定はできません。このように、一見すると生まれてくる人にとって最善の方法かのように思える出生前のゲノム編集という医療にも、より視野を広げて見たときには、果たしてそれを行ってよいだろうかと悩むことになる、難しい倫理的課題が多数存在するのです。

このような課題があることを踏まえて、諸外国においては、既に、法律で罰則を定めて、ゲノム編集を行った受精卵などを臨床の現場で利用することを禁止している国もあります。

一方、日本においては、ゲノム編集技術を用いた受精卵などに関する臨床研究や治験は、先ほど紹介した指針などの行政の通達によって禁止されるにとどまっています。また、実際の医療現場における提供についても、学会による自主的な規制などが存在するにとどまっています。このような現状を受けて、数年前に厚生労働省に専門の委員会が設置され、今後このようなゲノム編集の技術を用いた医療を人間の出生前の段階で行うこ

とについてどのように取り扱っていくべきかが議論されました。この委員会では、最終的に、先ほど述べたような様々な倫理的な課題などを踏まえて、現時点ではゲノム編集技術を用いた人間の受精卵などを臨床の現場で利用することは容認できないという考えを前提に、このような医療に対しては法律による規制が必要であるとの意見が取りまとめられました。今後、具体的にどのような規制を行うのかについて、議論が進んでいくことになると思います。

　バイオテクノロジーの劇的な進化により、以前はSFの世界でしか起こりそうもなかったことが、現実の世界で可能となりつつあります。病気を治すことは常に良いことのように思えるのですが、人類の生命の根幹に触れるような場面になってくると、本当にそれをやってしまってよいのだろうかという悩ましい問いに直面することになります。読者の皆様は、この問題についてどのようにお考えになりますか。

第 5 章

ヘルステックと知的財産権

1　知的財産権の意義

　ヘルステックの分野の技術革新のスピードは目覚ましく、日々刻々と進化しながら新たな技術や製品が次々と生み出されています。その開発には膨大なコストと時間と労力を要する場合が多い一方で、デジタル化された情報や技術知識やノウハウなどは、複製や模倣やフリーライドが容易にできてしまうことから、一たび流出してしまうと急速に拡散されて付加価値が下がり、開発に投じた資金や労力を回収することもできないまま、技術やノウハウが陳腐化してしまうリスクがあります。高い技術力を生かせるヘルステックは、日本にとって数少ない成長分野の一つですので、他社による複製や模倣やフリーライドのリスクを恐れて躊躇することなく、安心して新技術や新製品の開発に資金を投下できる環境が不可欠です。

　そこで重要になるのが、知的財産権です。知的財産権には様々なタイプの権利があり、様々な法律によって保護されています。これらの法律は、具体的な保護の在り方や保護対象は異なっていますが、相互に密接に関連しており、また、複数の法律によって重畳的に保護されるケースも少なくありません。複数の法制度を横断的に理解することで、戦略的に自社の技術や製品、ブランドなどを保護することも可能になりますので、まずは、2で、総論的に、知的財産権の全体像を俯瞰して見ていきたいと思います。その上で、3以下では、各論として、ヘルステックの分野において様々な用途での活用が期待されてい

る、AI・ビッグデータ、ヘルスケアアプリ、ウエアラブル端末を順に取り上げて、関連する知的財産権を横断的に検討していきたいと思います。

2 知的財産権の概要

知的財産権には幾つかの分類方法があり（[図表5−2−1]）、例えば、保護の客体に着目して、知的創作物を保護する創作法（特許法、実用新案法、意匠法、著作権法など）によって保護される権利と、営業上の標識を保護する標識法（商標法など）によって保護される権利・利益とに分類されることがあります。不正競争防止法は、創作法の側面と標識法の側面の両方を持ち合わせていると言えます。

また、保護の方法に着目して、権利者に独占的な権利を付与することによって権利を保護しようとする権利付与法（特許法、実用新案法、意匠法、商標法、著作権法）によって保護される権利と、不正な競争行為を規制することによって権利・利益を保護しようとする行為規制法（不正競争防止法）によって保護される権利・利益とに分類されることもあります。さらに、権利付与法については、権利を取得するために登録が必要な権利（特許法、実用新案法、意匠法、商標法）と登録が不要な権利（著作権法）に分類されることもあります。以下、順に見ていきたいと思います。

[図表 5 - 2 - 1]　知的財産権の比較

	保護対象	創作法／標識法	権利付与法／行為規制法	登録の要否	存続期間
特許法	発明	創作法	権利付与法	必要	出願から20年間（注1）
実用新案法	考案	創作法	権利付与法	必要（ただし、無審査）	出願から10年間
意匠法	意匠	創作法	権利付与法	必要	出願から25年間
商標法	商標	標識法	権利付与法	必要	登録から10年間（注2）
著作権法	著作物	創作法	権利付与法	不要	原則として著作者の死後70年間
不正競争防止法	営業上の利益	創作法・標識法	行為規制法	不要	なし（注3）

注1：医薬品等に関する発明については、5年を限度に延長可能。
注2：更新を繰り返すことにより半永久的に存続可能。
注3：商品形態の模倣行為については、日本国内において最初に販売された日から起算して3年を経過するまで。

⑴　特　許　法

　特許法は、「発明の保護及び利用を図ることにより、発明を奨励し、もつて産業の発達に寄与すること」を目的としており、「発明」を保護の対象としています。「発明」は「自然法則を利用した技術的思想の創作のうち高度のもの」と定義されており、ある発明について特許を受けるためには、産業上利用することができる発明であること（産業上の利用可能性）や、特許出願前に公知になっていたり、公然と実施されていたり、公衆に利用可能になっていないこと（新規性）、公知の発明等に

基づいて容易に思い付く発明でないこと（進歩性）などの要件を満たさなければなりません。特許権の存続期間は出願から20年ですが、医薬品等に関する発明については、5年を限度に存続期間を延長することができます。

　ヘルステックとの関係では、特許・実用新案審査基準第Ⅲ部第1章3.1.1において、「人間を手術、治療又は診断する方法の発明」については「産業上の利用可能性」の要件を満たさないとされており、例えば、「MRI検査で得られた画像を見て脳梗塞であると判断する方法」は「人間を診断する方法」に当たると記載されている点などに注意が必要です。もっとも、特許・実用新案審査基準はこれまでに度々改訂されてその度に「産業上の利用可能性」が認められる範囲が拡大してきており、現在では、特許・実用新案審査基準第Ⅲ部第1章3.2.1⑶において、人間の身体の各器官の構造や機能を計測するなどして「人体から試料又はデータを収集する方法、人体から収集された試料又はデータを用いて基準と比較するなどの分析を行う方法」なども、「人間を診断する方法」には当たらないとされています。「医療行為そのものについても特許性が認められるべき」という主張について、東京高裁も「立法論としては、傾聴すべきものを有している」と述べるなど、実務・学説共に、医療行為の特許性については立法論による解決を示唆する見解も見られますが、現在のところは、医療行為は「産業上の利用可能性」の要件を満たさないという原則は堅持されたまま、審査基準の見直しなどの形で「産業上の利用可能性」の要件を柔軟に解釈するといった実務上の工夫によって対応していく方法が

採られています。したがって、医療行為に密接に関連する技術等について特許出願を検討する際には、特許・実用新案審査基準や特許・実用新案審査ハンドブックをはじめとする最新の実務や特許庁の動向等を確認することが重要になります。

(2) 実用新案法

実用新案法は、「物品の形状、構造又は組合せに係る考案の保護及び利用を図ることにより、その考案を奨励し、もつて産業の発達に寄与すること」を目的としており、「考案」を保護の対象にしています。「考案」は「自然法則を利用した技術的思想の創作」と定義されており、特許法が定義する「発明」と比べると、「高度のもの」という要件がありませんが、実務上は、特許法における「高度のもの」という要件にはあまり重要な役割は与えられていません。むしろ、実用新案については無審査主義が採用されており、特許庁長官に実用新案技術評価を請求し、相手方に実用新案技術評価書を提示して警告した後でなければ、侵害者等に対して権利を行使できない点が、特許法をはじめとする他の知的財産法との大きな違いとなっています。

考案についても、特許法における発明と同様、産業上の利用可能性、新規性、進歩性などの要件も要求されていますが、進歩性については、公知の考案等に基づいて「きわめて」容易に考案をすることができたときに限って進歩性が否定されることになっています。

実用新案権の存続期間は、出願から10年間とされています。

⑶ 意 匠 法

　意匠法は、「意匠の保護及び利用を図ることにより、意匠の創作を奨励し、もつて産業の発達に寄与すること」を目的としており、「意匠」を保護の対象にしています。「意匠」の定義は入り組んでいて分かりにくいですが、⑴物品の形状等、⑵建築物の形状等、⑶画像、⑷⑴〜⑶の部分、の四つに整理することができます。特許や実用新案と同様、意匠登録を受けるためには、工業上の利用可能性、新規性、公知の形状等に基づいて容易に創作できるものでないこと（創作非容易性）などの要件を満たす必要があります。

　意匠権の存続期間は、当初は設定登録日を起算日として10年間でしたが、昭和34（1959）年に15年間に、平成18（2006）年に20年間に改正され、令和元（2019）年に、出願日を起算日として25年間に改正されました。設定登録に際して１年目の登録料が納付されますが、２年目以降も意匠権を存続させるためには、毎年、前年以前に登録料を納付しなければならない点に注意が必要です。

　ヘルステックの分野において多くの利用者への普及が期待されているヘルスケアアプリなどとの関係では、令和元年に、「物品」とは離れた「画像」そのものの意匠が保護対象に加わったことが重要です。すなわち、我が国の意匠法は伝統的に、保護対象となる意匠と「物品」との関連性を強く要求し、原則として「物品」の形状等を保護の対象としてきました。画像デザインの保護ニーズの高まりを受けて、令和元年以前に

も、「物品」の形状等の保護の範囲内で、画像デザインの保護が図られるよう、度々意匠制度の見直しが行われてきましたが、壁や人体等に表示したGUI（グラフィカルユーザーインターフェース）や、クラウドサービスを使ってサーバーからネットワークを通じて個々の端末等に直接提供される画像などは、「物品」との関連性がないことを理由に引き続き保護対象外とされるなど、近年のIoT等の新技術の浸透に伴い、画像については、「物品」との関連性による制約が実態と合わなくなっていました。そこで、令和元年改正により、「物品」との関連性から切り離された「画像」の意匠が導入されました。

令和元年改正の結果、意匠登録された「画像」がアプリケーションに用いられる場合、当該アプリケーションを作成する行為、ネットワークを通じて提供する行為、端末で使用する行為等がそれぞれ意匠の実施行為に含まれることになります。「画像」の意匠については、ヘルスケアアプリについて説明している4の中でも触れたいと思います。

⑷　商　標　法

商標法は、「商標を保護することにより、商標の使用をする者の業務上の信用の維持を図り、もつて産業の発達に寄与し、あわせて需要者の利益を保護すること」を目的としています。これまでに見てきた特許法、実用新案法、意匠法と比べると、産業の発達に寄与することに加えて、需要者の利益を保護することも目的としている点がやや異なります。すなわち、商標法は、他人が築き上げたブランドイメージにただ乗りすることを

禁止することによって、地道な研究開発を経て良い品質の商品を世の中に送り出し続けている企業や、企業努力を重ねて良質なサービスを提供している企業など、時間とコストをかけてブランドイメージを高めてきた企業の権利・利益を守る（産業の発展に寄与する）ことに加えて、購入者が誤って偽物や粗悪品を買ってしまうことなく、安心して商品やサービスを購入できるようにする（需要者の利益を保護する）ことも目的としています。

商標法が保護の対象にしているのは「商標」です。「商標」には、文字から構成される商標（文字商標）、図形で構成される商標（図形商標）、記号で構成される商標（記号商標）、立体的形状から構成される商標（立体商標）、色彩のみからなる商標（色彩商標）、文字・記号・図形・立体的形状・色彩のうちの二つ以上を結合してなる商標（結合商標）、音のみから構成される商標（音商標）があります。

商標の登録を受けるためには、「識別力」を持つ商標であることが必要です。「識別力」とは、誰の商品・サービスであるかを認識できることを意味します。具体的には、商品やサービスの普通名称を普通に用いられる方法で表示する場合や、商品の産地・販売地・品質等を普通に用いられる方法で表示する場合には、「識別力」が否定されます。例えば、裁判所において、「正露丸」や「SEIROGAN」の語は、いずれもクレオソートを主剤とする胃腸用丸薬の普通名称であると判断されました。また、介護の役務に「AI介護」を使用しても、AI（人工知能）を活用した介護という質を示すと認識されるにすぎないとして、

裁判所において「識別力」が否定されました。元々「識別力」を有していた商標が普通名称化してしまうこともあれば、逆に、普通名称が長年にわたる使用によって「識別力」を獲得することもありますので、ブランディングの戦略の一環として商標権を利用しようとする場合には、商品名やブランド名が普通名称化するなどして「識別力」を失わないよう注意する必要があります。

　また、商標法に特有の概念として、「商標的使用」というものがあります。これは、形式的には商標を使用しているように見える場合であっても、「需要者が何人かの業務に係る商品又は役務であることを認識することができる態様により使用されていない商標」については、商標権の効力が及ばないとする考え方で、従来から裁判所で採用されていた考え方が、平成26年改正によって明文化されました。ヘルスケア分野において「商標的使用」に関して判断された著名な事件として、錠剤表面に「ピタバ」の文字を印字した薬剤を販売する行為が商標権を侵害するとして提訴された事件があります。この事件では、「ピタバスタチン（カルシウム）」や「ピタバ」だけからでは、医師・薬剤師は、これをピタバスタチン（カルシウム）を含む薬剤であるとしか認識できず、どの販売者・製造者のピタバスタチンカルシウム剤であるか判別できないとして、「商標的使用」に当たらないと判断されました。つまり、「ピタバ」の表示を見た医療従事者は、「あの有効成分を含む薬剤か」と認識するのであって、「ああ、あの会社の製品か」と認識するのではない、という判断です。商標権を活用してブランドイメージを構

築しようと考えている場合には、「商標的使用」の考え方を正確に理解するとともに、とりわけ製薬会社にとっては、医薬品の特性（後発医薬品に関する厚労省通知によって、販売名を見れば有効成分、剤型、有効成分の含有量、販売している会社を認識できるようにして、取り違えを回避することが求められていることや、医療用医薬品については、基本的には医療従事者が表示を見て判断をすることが想定されていることなど）も踏まえて、商標登録を含めたブランド戦略を練る必要があると思われます。

　商標権の存続期間は設定登録の日から10年間ですが、他の知的財産権とは異なり、存続期間の更新が認められています。したがって、更新を繰り返すことによって半永久的に存続させることができます。

⑸　**著作権法**

　著作権法は、「著作物並びに実演、レコード、放送及び有線放送に関し著作者の権利及びこれに隣接する権利を定め、これらの文化的所産の公正な利用に留意しつつ、著作者等の権利の保護を図り、もつて文化の発展に寄与すること」を目的としています。これまでに見てきた特許法、実用新案法、意匠法、商標法は「産業の発展」を目的（の一部）に掲げているのに対し、著作権法は「文化の発展」を目的に掲げていますが、昭和60（1985）年の改正によってプログラムの著作物が著作物の例示に追加され、保護の対象として明確化されたことなどもあり、産業促進的な側面も強くなっています。これまでに見てきた特許法、実用新案法、意匠法、商標法と比べると、登録しなくて

も権利が発生する点が大きく異なります。

　著作権法が保護の対象にしているのは「著作物」であり、ヘルステックの分野においても様々な利用が期待されているAIやビッグデータとの関係では、言語の著作物、プログラムの著作物や、データベースの著作物等としての保護の可能性と保護の範囲を見極める必要があります。また、ウエアラブル端末のデザインとの関係では、実用性のある量産品に施される美術等（いわゆる「応用美術」）について、著作物としてどの範囲で保護されるべきか、が重要な論点となっており、裁判所の判断も分かれているので、今後も裁判例や学説の動向を注視しておく必要があります。「応用美術」の論点については、ウエアラブル端末について説明している 5 の中でも触れたいと思います。

　著作権法において「著作物」は「思想又は感情を創作的に表現したものであつて、文芸、学術、美術又は音楽の範囲に属するもの」と定義されており、「著作物」として保護されるためには、「創作性」が認められることが必要です。また、ある表現が「著作物」と認められても、その表現のうちの、創作的な部分が複製等されないと、著作権の侵害にはなりません。「創作性」の有無については、表現の選択の幅の有無や広狭に基づいて判断する考え方が近年有力になっています。例えば、後発医薬品の添付文書等の記載の多くは、必然的に先発薬の添付文書等とほぼ同じ記載にならざるをえませんが、そうした記載については、そもそも記載すべき事項の表現の幅が著しく狭いため、特徴的な表現部分を除いて、先発薬の添付文書等に創作性が認められないか、認められたとしても、創作性のある表現を

複製等したとは判断されない可能性が高いと思われます。また、「著作物」として保護されるためには、「表現」である必要があり、「表現」の元になっている事実やアイデアは保護の対象とはされていない点にも注意が必要です。

　著作権法は、様々な行為態様に即して「著作権」の具体的内容を分類し、限定列挙しています。権利者以外の人が、限定列挙された「著作権」のいずれかの対象となる行為を行った場合、原則として著作権侵害となりますが、著作権法第30条以下に、例外的に侵害とはならない場合が規定されています。具体的には、例えば、私的使用のための複製や、引用の場合などが規定されており、AIやビッグデータとの関係では、第30条の4第2号に規定されている「情報解析……の用に供する場合」が適用される可能性があります。

　また、著作者には、著作権に加えて著作者人格権という権利も認められており、著作者人格権については、人格的な権利である以上、経済的な権利である著作権とは異なり、他人に譲渡できないと考えられている点に注意が必要です。

　著作権の存続期間は、原則として著作者の死後70年間とされています。

⑹　不正競争防止法

　不正競争防止法は、「事業者間の公正な競争及びこれに関する国際約束の的確な実施を確保するため、不正競争の防止及び不正競争に係る損害賠償に関する措置等を講じ、もって国民経済の健全な発展に寄与すること」を目的としています。

これまでに見てきた特許法、実用新案法、意匠法、商標法、著作権法は独占的な権利を発生させることによって知的財産を保護しようとしているのに対し、不正競争防止法は、不正な競争行為を規制することによって知的財産を保護しようとしている点に大きな違いがあります。

　ヘルステックの分野との関係では、ヘルスケアアプリやウエアラブル端末のブランド保護やデザイン保護の観点からは、周知な商品等表示主体の混同行為、著名な商品等表示の冒用行為、商品形態の模倣行為などが、AIやビッグデータにおける技術やデータの保護の観点からは、営業秘密に関する不正行為、限定提供データに関する不正行為などが、重要度の高い規定と言えます。

　周知な商品等表示主体の混同行為と著名な商品等表示の冒用行為の両者に共通する論点として、商品の製造元と販売元が分かれている場合に、(ⅰ)どちらの事業者が権利行使できるか、(ⅱ)一方の他方に対する権利行使は認められるか、という論点があります。裁判例は、上記(ⅰ)の点について、当該商品について、その品質等を管理し、販売価格や販売数量を自ら決定する者が権利行使できると解する立場に立つものと、商品等表示の内容や態様、広告・宣伝の規模や内容、品質保証表示の在り方などに照らして、当該商品等表示が何人のものとして需要者に認識されているかによって定めるとする立場に立つものに分かれています。上記いずれの立場に立っても、医薬品等の製造販売業者は権利行使可能と考えられますが、製造販売業者から製造委託を受けている製造業者については、判断が分かれる可能性が

あるように思われます。上記(ii)の点については、化粧品の総販売元がグループ組織分裂後に製造元に対して権利行使した事案において、東京地裁は総販売元による権利行使を認めましたが、東京高裁は総販売元による権利行使を否定しました（関連事件において、大阪地裁・大阪高裁も総販売元による権利行使を退けました）。

　不正競争防止法は、上記のとおり、権利を付与する方法ではなく、不正な競争行為を規制する方法によって知的財産を保護しようとしていますので、規制対象とされている不正な競争行為が行われる限り、原則として、特段の期間の制限なく、差止めや損害賠償の請求をすることができます。ただし、商品形態の模倣行為については、日本国内での最初の販売から3年経過後の行為が適用除外とされていますので、注意が必要です。

3　AI・ビッグデータ

　ヘルステック分野におけるAIの活用については、AI創薬、AIロボットによる診断・治療（の支援）、AI看護アシスタントなど、様々な用途での活用が期待されており、実際に、人工知能を用いたMRI画像診断技術の開発や、プロの囲碁棋士との対戦で勝利を収めた人工知能として知られているAlphaGoを用いた眼疾患診断の迅速化・がんの放射線治療の最適化などの技術の開発などが行われている旨の報道もされています。また、AIの開発においては、膨大な量の良質なデータが不可欠であり、ビッグデータも重要な価値を有することになります。このよう

に、AIとビッグデータは相互に密接に関連し合いながら開発や取引が行われることが想定され、AIに関する知的財産とビッグデータに関する知的財産も互いに交錯し、重複する場合が少なくないと思われますので、以下、両者をまとめて説明していきます。

「AI」については、その意味するところは多義的であり、確立した定義は存在しないのが現状ですが、AIに関する知的財産の保護について説明していく上では、AI技術の内容についてはある程度共通した認識を前提にした方が、説明が伝わりやすいと思います。そこで、以下の説明においては、経済産業省が2019年12月9日に公表した「AI・データの利用に関する契約ガイドライン1.1版」（AI契約ガイドライン）が対象とするAI技術を前提に説明をしていきたいと思います。

AI契約ガイドラインにおいては、AI学習の第一段階として、ユーザーやベンダ、その他の事業者や研究機関等により一次的に取得されたデータ（生データ）に対して、欠測値や外れ値の除去といった前処理や、ラベル情報（正解データ）等の別個のデータの付加といった変換・加工処理を施すことによって、AIによる解析を容易にするための加工データ（学習用データセット）を生成することが想定されています。その上で、学習用データセットの中から一定の規則を見出し、その規則を表現するモデルを生成するためのアルゴリズムを実行するプログラム（学習用プログラム）を用意し、「学習用データセット」を「学習用プログラム」に入力することで得られる一定の係数（学習済みパラメータ）を含むモデルを、「推論プログラム」と呼ばれ

るプログラムに実装することで、ソフトウェアとしての「学習済みモデル」を得ることが想定されています。

⑴ データの保護

上記のとおり、AIの開発において、「生データ」は開発の基点となる原材料とも言うべき重要な要素であり、「生データ」の量や品質は、「学習済みモデル」の品質に極めて大きな影響を与えることになります。また、「生データ」だけでは良質な「学習済みモデル」を得ることはできませんので、AI開発の過程で用いられる「正解データ」や、開発過程で生成される「学習用データセット」や「学習済みパラメータ」なども重要な役割を果たしています。それでは、こうしたデータは、どのような法律によって、どの範囲で保護されるのでしょうか。また、どのような点に気を付ける必要があるのでしょうか。

a 著作物としての保護

データを保護する権利として、まず、著作権が頭に浮かぶ方がいるかもしれません。しかしながら、AI開発を行う企業や、開発されたAIを用いる企業や医療従事者にとって、著作権による保護は必ずしも十分なものとは言えない場合が多いかもしれません。すなわち、1で述べたとおり、著作権法は、創作的な表現を保護の対象としており、事実やアイデアそれ自体は保護の対象とはされていませんので、膨大な資金と労力を費やして良質なデータを大量に収集したとしても、それだけで著作権の保護の対象になるわけではありません。「実験結果等のデータ

自体は、事実又はアイデアであって、著作物ではない」と明言
している知的財産高等裁判所の裁判例もあります。

　「生データ」の中に創作的な表現が含まれている場合も考え
られますが、それらは基本的にAI開発者やAI利用者が自ら創作
したものではないので、AI開発者・AI利用者の「著作物」には
該当しないと思われます。

　「学習済みパラメータ」は単なる係数（数値等の情報）ですの
で、基本的に「著作物」に該当しないと思われます。

　AI開発者が「正解データ」を自ら作成した場合において、そ
の中に創作的な表現が含まれているときは、AI開発者の著作権
が生じる可能性がありますが、AI技術を用いた成果物には「正
解データ」の具体的な表現は含まれていないケースが多いと思
われますので、「正解データ」に関する著作権による保護の範
囲はごく狭いものになると思われます。

　「学習用データセット」については、「情報の選択又は体系的
な構成」によって創作性を有する場合には「データベースの著
作物」として保護される可能性がありますが、「データベース
の著作物」についての著作権は創作的に表現された「情報の選
択又は体系的な構成」を複製等した場合にしか権利が及びませ
んし、そもそも独創的な体系のデータベースは検索効率が悪
く、汎用性も下がるため、権利保護手段としてあまり実効性が
ないと思われます。

　なお、「生データ」については、上記のとおり、収集した
データの中に、第三者が著作権を有する表現が含まれている
ケースも考えられますので、むしろ、AI開発者やAI利用者が第

三者の権利を侵害してしまう可能性があります。この点に関しては、著作権法第30条の 4 第 2 号が「情報解析……の用に供する場合」には、著作権者の利益を不当に害しない限り、必要と認められる範囲で、他人の著作物を利用しても侵害とはならない旨規定していますので、同号に基づいて利用できる場合があると考えられます。すなわち、「情報解析」は「多数の著作物その他の大量の情報から、当該情報を構成する言語、音、影像その他の要素に係る情報を抽出し、比較、分類その他の解析を行うこと」と定義されていますので、「生データ」を用いた「学習済みモデルの生成」の場合、一定の範囲で「情報解析……の用に供する場合」に該当すると考えられます。しかしながら、この条項は比較的新しい規定ですので、「情報解析」の定義の解釈のほか、「必要と認められる限度」や「当該著作物の種類及び用途並びに当該利用の態様に照らし著作権者の利益を不当に害することとなる場合」といった要件が、裁判所においてどのように解釈されていくか、今後の動向を注視していく必要があります。

b　秘密情報としての保護

　データ保護の方法としては、著作権法による保護のほかに、不正競争防止法が規定する営業秘密としての保護も考えられます。不正競争防止法は、第 2 条第 1 項第 4 号から第10号にかけて、営業秘密に関する不正行為を規定しています。不正競争防止法において「営業秘密」は「秘密として管理されている生産方法、販売方法その他の事業活動に有用な技術上又は営業上の

情報であって、公然と知られていないもの」と定義されており、「秘密管理性」「有用性」「非公知性」が要件とされています。これら三つの要件を全て満たす情報については「営業秘密」としての保護を受けることができますが、ビッグデータを取り込んで開発したAI技術を広く利活用していく上では、「秘密管理性」の要件がネックになります。「秘密管理性」が認められるためには、保有者が、その情報を秘密として管理しようとしている意思を、合理的な秘密管理措置（施錠保管、アクセス制限、守秘義務契約など）によって外部に示す必要がありますが、ビッグデータやAI技術を広く利活用していく場面では、そのような秘密管理措置を講じることは困難と思われるためです。

c　限定提供データとしての保護

　そこで、不正競争防止法が規定する限定提供データとしての保護が考えられます。限定提供データに関する規定は、正に、IoT、ビッグデータ、AI等の情報技術が推進する第四次産業革命の下、データを安心・安全に利活用できる事業環境の整備等を目的として導入された法制度です。

　限定提供データは「業として特定の者に提供する情報として電磁的方法……により相当量蓄積され、及び管理されている技術上又は営業上の情報（秘密として管理されているものを除く。）」と定義されており、「限定提供性」「電磁的管理性」「相当量蓄積性」が要件とされています。「限定提供性」の要件を構成する「特定の者」については、特定さえされていれば人数の多寡

を問わず、例えば、会費を支払えば誰でも提供を受けられる
データについて会費を支払って提供を受ける者や、資格を満た
した者のみが参加するコンソーシアムに参加する者などが該当
すると考えられています。したがって、秘密管理措置をとるこ
とが難しく、営業秘密として保護されるための「秘密管理性」
の要件を満たすことができない場合であっても、「電磁的管理
性」等の要件を満たす管理を行うことによって、限定提供デー
タとしての保護を受けられる余地は十分にあると考えられま
す。

d　知的財産法以外の保護手段

　上記のとおり、知的財産法による保護を受けるためにはそれ
ぞれの要件を満たす必要があり、また、あらゆるデータが何ら
かの形で法的保護を受けられるように、網羅的に法制度が作ら
れているわけではありません。したがって、知的財産法による
保護のみに依拠するのではなく、価値の高いデータが第三者に
流出しないよう、厳格なデータ管理体制を整備するとともに、
データ提供時の契約において厳格な義務を相手方に課すなどの
自衛策を講じることが重要と言えます。そのような管理体制や
情報管理を徹底することによって、結果的に、「秘密管理性」
や「電磁的管理性」の要件が充足される可能性も高まります
し、また、「不正アクセス行為の禁止等に関する法律」による
保護を受けられる場合もあると思われます。

⑵　プログラムの保護

　「学習用プログラム」や「推論プログラム」といったプログラムについては、(プログラム言語、規約、解法については明文で著作権による保護の対象外とされていますが)コンピュータに対する指令の表現方法に選択の幅があり、そこに作成者の表現上の創作性が表れていれば、プログラムの著作物として著作権法による保護を受けられる可能性があります。

　アルゴリズム部分については、産業上の利用可能性・新規性・進歩性等の特許法上の要件を充足すれば特許法による保護を受けうると考えられます。ただし、特許出願してしまうと技術の内容が公開されてしまいますので、あえて特許出願はせずに、ノウハウ的な部分も含めて企業秘密として秘匿し、不正競争防止法における営業秘密としての保護の下で優位性を維持するという戦略を採ることも考えられます。なお、ディープラーニングのアルゴリズムなどの中心的部分の多くはオープンソースソフトウェアとして既に開示されているため、新規性・進歩性等の要件を満たして新たに特許を取得することは難しい分野もあると思われます。オープンソースソフトウェアを利用したプログラムを用いてAI技術を開発したり、利用したりする場合などには、AI技術の開発者や利用者が第三者の権利を侵害することになったり、予想外の利用上の制約を受けたりすることのないよう、利用するオープンソースソフトウェアのライセンス条件をあらかじめ慎重に精査しておく必要があります。

4 ヘルスケアアプリ

スマートフォンの普及や健康に対するユーザーの意識の高まりなどを経て、昨今、多種多様なヘルスケアアプリがリリースされています。多数のヘルスケアアプリがリリースされる中で、ユーザーにおける認知度を高め、他のヘルスケアアプリとの差別化を図り、継続的にユーザーからの支持を得ていくためには、ブランディングによる自社製品の差別化を図ることが不可避です。そこで、本節では、ヘルスケアアプリを念頭に置いて、ブランディングや他社製品との差別化を図るための戦略について考えてみたいと思います。

⑴ 商標法による保護

ブランド保護の手段として伝統的に最も重要な役割を果たしてきた権利の一つが、商標権です。2で述べたとおり、商標権については、登録後、存続期間の満了時期を迎えるごとに更新を繰り返すことで、半永久的に権利を保持し続けることができます。また、不正競争防止法に基づく保護とは異なり、周知性や著名性といった要件も要求されません。したがって、ブランド名や製品名等を商標登録しておくことで、他社によってフリーライドされるリスクを回避しながら、安心して自社ブランドや自社製品のブランディングを行うことができます。

上記のとおり、商標権は更新を繰り返すことで半永久的に保持できる権利ではありますが、継続して3年以上、日本国内に

おいて登録商標の使用をしていない場合には、不使用取消審判という制度によって商標が取り消されてしまう可能性がある点に注意が必要です。また、商標登録時には「識別力」を持っていた商標であっても、事後的に普通名称化してしまうと、商標権を行使することができなくなり、独占的な使用が制限されることになりますので、ブランディングの戦略の一環として商標権を利用しようとする場合には、商品名やブランド名が普通名称化するなどして「識別力」を失わないよう注意する必要があります。普通名称化を予防するためにとりうる対策としては、(i)「●は■株式会社の登録商標です。」という記載やRマークによって登録商標であることを示す、(ii)書体を変えたり、太字にしたり、カギ括弧を付けたりすることによって、登録商標であることを明確化し、他の説明文の中に埋没させない、(iii)第三者が無断で使用しているのを発見した場合には警告書を送付して希釈化等を防ぐ、(iv)自己の商標が普通名称的に使用されているのを発見した場合、そのような使用の中止を求める、といった対応が考えられます。

(2)　不正競争防止法による保護

　商標登録を経ていない場合であっても、一定の要件を満たす場合には、不正競争防止法によって他社による自社ブランドのフリーライドを牽制することが可能です。具体的には、不正競争防止法第2条第1項第1号が「周知な商品等表示主体の混同行為」を、不正競争防止法第2条第1項第2号が「著名な商品等表示の冒用行為」を、不正競争として規定しています。

「周知な商品等表示主体の混同行為」として他の事業者に差止めや損害賠償を求めるためには、自己の商品等表示が「需要者の間に広く認識されている」こと（周知性）に加えて、「他人の商品又は営業と混同を生じさせる行為」であること（混同のおそれ）が必要とされています。「周知性」は全国的に認められる必要はなく、一地方において広く認識されるものであれば足りると解されています。

これに対し、「著名な商品等表示の冒用行為」として他の事業者に差止めや損害賠償を求めるためには、「混同のおそれ」は要求されていませんが、自己の商品等表示が「著名」であることが必要とされています。「著名」であると言えるためには、周知性よりも高い知名度が必要であり、地理的にも、全国的またはそれに近い範囲で知られていることを要求する見解が多数説となっています。

⑶　意匠法による保護

2で述べたとおり、我が国の意匠法は伝統的に、保護対象となる意匠と物品との関連性を強く要求し、原則として「物品」の形状等を保護の対象としてきましたが、画像デザインの保護ニーズの高まりを受けて、度々意匠制度の見直しが行われ、画像デザインの保護の範囲が拡充されてきました。これにより、ヘルスケアアプリに表示される画像デザインについても、一定の範囲で保護を受けられるようになりましたが、保護対象となる画像は、「機器の操作の用に供されるもの」（操作画像）と「機器がその機能を発揮した結果として表示されるもの」（表示

画像）に限定されており、映画やゲームといったコンテンツについては意匠法上の意匠とは判断されない点に注意が必要です。意匠審査基準において、「操作画像」に該当する画像の例として、商品購入用画像（ウェブサイトの画像）やアイコン画像（クリックするとソフトウェアが立ち上がる操作ボタン）が、「表示画像」に該当する画像の例として、医療用測定結果表示画像や時刻表示画像（壁に投影された画像）が、例示されています（[図表5－4－1]）。

⑷ 著作権法による保護

意匠法による保護を求めるためには事前に意匠の登録を受け

[図表5－4－1]　操作画像および表示画像に該当する画像の例

〈操作画像に該当する画像の例〉

「商品購入用画像」
（ウェブサイトの画像）

「アイコン用画像」
（クリックするとソフトウェアが
立ち上がる操作ボタン）

〈表示画像に該当する画像の例〉

「医療用測定結果表示画像」

「時刻表示画像」（壁に投影された画像）

出所：特許庁「意匠審査基準」第Ⅳ部第1章3.1（令和5年3月22日最終改訂）

ておく必要がありますので、意匠登録されていないヘルスケアアプリの画面について保護を求める場合には、著作権法や不正競争防止法による保護を考えることになります。不正競争防止法による保護については上記(2)で述べましたので、ここでは、著作権法による保護について述べたいと思います。

　2で述べたとおり、著作権法は、創作的な表現を保護の対象としていますので、自社のヘルスケアアプリの画像に創作的な表現が含まれていなければ、著作権法による保護を受けることはできません。また、自社のヘルスケアアプリの画面に創作的な表現が含まれていても、侵害が成立するためには、その創作的な表現が他社の画面に使われている必要があり、アイデアや事実などの、表現それ自体でない部分や表現上の創作性がない部分において既存の著作物と同一性を有するにすぎない著作物を創作する行為は著作権の侵害にならないとされています。

　実際に、携帯電話向け釣りゲームに関して、スマホゲーム事業の巨大企業間で著作権侵害の成否が争われた裁判がありましたが、裁判所は、魚の引き寄せ画面等について、「アイデアなど表現それ自体でない部分又は表現上の創作性がない部分において原告作品の魚の引き寄せ画面と同一性を有するにすぎないもの」であって著作権侵害には当たらないと判断しています。この事件では、不正競争防止法に基づく主張も退けられています。

　画面についてどの範囲で著作権法や不正競争防止法による保護を受けられるか、については不明確な部分が大きく、保護範囲が狭く限定されてしまう可能性もありますので、デザインの

側面については意匠登録を、アイデアの部分については特許登録を受けておくことが重要と言えます。

5　ウエアラブル端末

　ヘルスケアアプリ同様、ウエアラブル端末についても、様々なメーカーから多種多様な機能やデザインの製品が続々と発売されています。ウエアラブル端末についても、ユーザーにおける認知度を高め、他のヘルスケアアプリとの差別化を図るためには、戦略的なブランディングが不可欠です。ブランディング一般や画像に関する差別化については、4 で述べたのと同様の内容が当てはまりますので、ここでは、ウエアラブル端末の商品形態の保護にフォーカスして、ブランディングや他社製品との差別化を図るための戦略について考えてみたいと思います。

⑴　意匠法による保護

　ウエアラブル端末の商品形態を保護する上で最も有効な手段の一つが意匠登録を受けることです。既に述べてきたとおり、意匠法はデザインの保護を目的としていますので、意匠登録を受けることができれば、実効的に商品形態の保護を図ることが可能となります。

　意匠登録を受けるためには新規性や創作非容易性の要件を満たす必要がありますので、出願しようとしている意匠やそれに類似する意匠が、出願前に公然知られた状態にならないよう、注意する必要があります。出願者の意に反して公知になった場

合（第三者に窃取盗用されて公開された場合など）や、出願者の行為に起因して公知になった場合（試験的な販売や見本の頒布などの方法で売行きの動向について調査を行った上でデザインを確定する場合など）には、新規性喪失の例外規定の適用を受けることによって意匠登録を受けられる可能性がありますが、公知になってから 1 年以内であることなど、新規性喪失の例外規定の適用を受けるための要件を満たす必要があります。

⑵　商標法による保護

　立体的形状から構成される商標（立体商標）も商標法による保護の対象とされていますので、商標法上の要件を満たせば、ウエアラブル端末の商品形態についても、商標登録を受けることが可能です。

　しかしながら、商品形態については、機能を効果的に発揮させることや、美感をより優れたものにすることなどを企図して選択されることが多く、「識別力」を有しないと判断される場合が少なくないと思われます。機能・美感に資することを目的として選択された形状については、原則として商標登録を受けることができないと解されており、その形状の長年にわたる一貫した使用の事実や、大量の販売実績、多大な宣伝広告等によって、その形状が特定の企業の商品の形状であるという認識が広く需要者に浸透しているような例外的な場合を除いて、商標法による保護を受けることは難しいと思われます。

⑶ 不正競争防止法による保護

　不正競争防止法は第2条第1項第3号で商品形態の模倣行為を不正競争として規定していますので、自社のウエアラブル端末の商品の形態を他の事業者に模倣された場合には、不正競争防止法に基づいて、他社の販売行為の差止めや、損害賠償を求めることができます。ただし、日本国内において最初に販売された日から起算して3年を経過した商品を模倣した商品には適用されませんので、最初の販売から3年経過後の保護については、意匠登録や商標登録など、他の方法による必要があります。

　また、商品形態が「商品等表示」に該当すれば、不正競争防止法第2条第1項第1号が規定する「周知な商品等表示主体の混同行為」や、不正競争防止法第2条第1項第2号が規定する「著名な商品等表示の冒用行為」として他の事業者に対して権利行使をすることも可能です。しかしながら、商品の形態は、本来的には、商品としての機能・効用の発揮や商品の美観の向上等のために選択されるものであって、商品の出所を表示するものではないことから、(i)客観的に他の同種商品とは異なる顕著な特徴（特別顕著性）を有しており、かつ、(ii)特定の事業者によって長期間にわたり独占的に利用され、または短期間であっても極めて強力な宣伝広告がされるなど、その形態を有する商品が特定の事業者の出所を表示するものとして周知である（周知性）と認められる特段の事情がない限り、「商品等表示」に該当しないと解されています。実際にも、多くの裁判例にお

いて、商品の形態が「特別顕著性」や「周知性」を備えていないとして、「商品等表示」該当性を否定されています。

⑷ 著作権法による保護

　意匠登録や商標登録がされていない商品形態について、日本国内において最初に販売された日から起算して既に3年以上が経過していて、かつ、「特別顕著性」や「周知性」を備えていない（「商品等表示」に該当しない）場合は、著作権法による保護を考えることになります。

　2でも述べたとおり、実用性のある量産品に施される美術等（いわゆる「応用美術」）につき、著作物としてどの範囲で保護されるべきかについては、裁判所の判断も学説も見解が統一されておらず、考え方が多岐にわたっています。かつては、意匠法の制度趣旨を没却させないことなどを考慮して、純粋美術と同視しうる程度の美的観賞性を備えている場合に限って著作物として保護するという考え方が支配的でしたが、近年、知的財産高等裁判所において、実用目的の応用美術であっても、実用目的に必要な構成と分離して、美的鑑賞の対象となる美的特性を備えている部分を把握できるものについては美術の著作物として保護すべきと考える見解（分離可能性説）や、応用美術に一律に適用すべきものとして、高い創作性の有無の判断基準を設定することは相当とは言えず、個別具体的に、作成者の個性が発揮されているか否かを検討すべきとする考え方（美の一体性説）を採用した判決が出ています。その後も、応用美術に関する裁判例は多数出ていますが、依然として、判断基準が統一

されていない状況が続いていますので、今後も裁判例や学説の
動向を注視していく必要があります。

第 6 章

アジアにおけるヘルステック法

ここまで、日本におけるヘルステックの最前線について紹介をしてきましたが、ここからは今アジアではどのようなヘルステックの動きがあるのかを紹介していきたいと思います。

　まずは、世界有数の経済大国となっている中国、世界で最も人口の多い国となったインド、金融・テックの一大ハブとなっているシンガポールについて紹介し、その他成長著しい東南アジアの各国についても紹介をしていきたいと思います。中国については、昨今の国際的な政治的緊張状況が中国のヘルスケア法制にどのような影響を与えているか、インドについてはIT立国によるヘルスケア業界のデジタル化とそれに伴う法整備の状況、シンガポールについては、新進著しいヘルスケアの業界にてどのように規制の態様を変化させているのかについて解説します。その他東南アジアについては、ベトナム、タイ、フィリピンについて、それぞれ、ベトナムについてはヘルステックの進展と個人情報保護の関係、タイについては臨床研究などのヘルステックの進展と同事業に対する政府のサポート、フィリピンについては遠隔診療と伝統的な医行為に関する規制の調整について紹介します。

1　中　　国

⑴　中国の医療体制の現状

　まず、中国のヘルスケア環境の概要について紹介します。[図表6－1－1]をご覧ください。

[図表6−1−1] 中国の医療体制の概要

	項目	概要
(i)	平均寿命 (2019年)	男性74.7歳／女性80.5歳 （日本：男性81.5歳／女性86.9歳）
(ii)	健康寿命 (2019年)	男性67.2歳／女性70.0歳 （日本：男性72.6歳／女性75.5歳）
(iii)	医療サービスの 市場規模 (2018年)	7,153億米国ドル （日本：5,427億米国ドル）
(iv)	一人当たり年間 医療費 (2018年)	501米国ドル （日本：4,267米国ドル）
(v)	1万人当たりの 医師数	19.8人（2017年） （日本：24.8人（2018年））
(vi)	医師資格	西洋医学を中心として学ぶ医学部と、中医学を専門に学ぶ中医学部に分かれる。 医学部卒業後、1年間の実務修練を経て国家試験に合格することにより、医師免許を取得できる。
(vii)	保険制度	［都市従業員基本医療保険制度］ 強制加入。都市企業従業員およびその退職者を対象にした制度。 ［都市・農村住民基本医療保険制度］ 任意加入。都市企業従業員を除く都市住民（非就業者）および農村住民を対象にした保健医療制度。
(viii)	個人情報保護法制	中国での個人情報の取扱いを定めた初めての包括的な法律として、個人情報保護法が2021年に成立・施行。

注：(i)から(v)は、WHOの「The Global Health Observatory」の2023年4月
時点の情報より引用。以下他国にて同じ。

⑵　医療機器の国内調達の要請の加速

　[図表 6 － 1 － 1] のとおり、中国の医療サービスの市場規模は大きく、医療機器の市場規模も年々拡大しております。過去10年では、医療機器の市場規模はおおよそ年平均10％の成長がなされていたと言われています。報道によれば、中国における医療機器の市場規模は2021年には20兆円近くとなっており、公開入札分だけでCTは年5,000億円、MRI機器も年3,000億円に達したとされています。2025年に医療機器市場は2021年の 2 倍近くに成長するとする予測もあります。

　この市場規模の成長には中国国内の企業の成長が大きく寄与しているものの、CTやMRI機器、Ｘ線機器といった、ハイエンド分野の多くはいまだに輸入品に占められているのが現状です。特に、公開入札によるCTやMRIの販売額は、ゼネラル・エレクトリック、シーメンス、フィリップスといった中国国外のメーカーの製品が 7 ～ 8 割を占めているものとされています。

　このような状況に関しては、中国当局も問題意識を持っており、従前よりハイエンド医療機器の多くを輸入品に頼っている構造が医療費高騰の一因であるとされていました。加えて、数年来続いている米中の対立構造に加え、2022年より始まったウクライナ―ロシア間の戦争なども影響し、世界の分断が加速している中、中国政府は重要な産業・インフラを中心に国内での調達の割合を高めようという方針が近年高まりを見せています。

　その現れとして、2022年に入ってから複数の省で相次いで、省内の公立病院にて調達する医療機器や検査機器は国産に限る通知を公表しています。2022年7月には、中国財政部は改正「政府調達法」のパブリックコメント募集案を公表していますが、この公表された法案では、新たに自国産業への支持や国家安全の保護に関する規定が新設されています。これらの規定では、政府調達においては、中国国内で入手できないもの、または、中国国内で合理的な条件で入手できないものを除き、政府当局は自国の貨物、工事およびサービスを購入しなければならない旨が規定されています。また、同一条件を満たす場合には中国国内製造品が評価優遇を受けるとされる旨が明記されています。

　これらの中国の政策は、日系企業にも少なからず影響を与えます。政府当局による入札などの取引で国産化を求めることは、実質的に外資企業の排除に相当するものとして評価できます。また、国産化規制に従って、中国子会社で開発、設計、製造を行う場合も、中核技術が中国で漏えいされたり中国に流出したりする可能性があることは否定できません。そのため、法的にも実務的にも十分な保護対策が必要となります。

⑶　標準必須特許の取扱い

　中国で事業を行うにあたり、もう一つ注意をするべき法制度として、標準必須特許（Standard Essential Patent：SEP）の問題があります。この点についても、国内産業保護の観点からの法制が定められていることに注意が必要です。

標準必須特許とは、標準規格に準拠した商品や役務を製造・供給するために必須となる特許のことを言います。通信技術にて利用されているものが多いですが、医薬品の製造・供給にあたって標準必須特許が利用される場合もあります。中国においても特許に係る国家標準に関する管理規定により、特許権者は、公正、合理的かつ非差別的な条件で他社にライセンスすることが求められる、いわゆるFRAND義務が課され、標準必要特許権者にもこの義務が課されますが、同規定ではどのような場合が「FRAND義務に基づく特許」の利用が認められるのかについて明確に規定されていません。そのため、中国では、FRAND義務の有無やFRAND義務が認められた場合のロイヤリティの金額に関して、特許権者と利用者の間で紛争となることがあります。

　中国において特徴的なのは、中国のメーカーが標準必須特許を利用して生産を行っている場合、特許権者にFRAND義務が課されることを前提に、日系企業を含む海外企業が保有する標準必須特許のロイヤリティが不当に高額であると主張する知財紛争が多く発生していることです。

　前述のとおり、標準必須特許は通信技術で利用されているものが多いため、HUAWEIや小米（シャオミ）といった通信事業者による紛争が有名であり、数も多いものの、注射液に関する特許紛争等、医薬品に関するものも存在するため、留意が必要です。

⑷ **総　　括**

　中国のヘルスケアマーケットは、市場規模も大きく、拡大を続けるマーケットであるため、日系企業としても無視することができないマーケットではありつつも、地政学リスクの高まりと共に起きているサプライチェーンの分断とそれに伴う自国産業保護の政策・法規制がなされている現状は無視することができません。国際的な緊張関係が続いており、この状況の終わりが見えてきていない現状からすると、このトレンドはしばらくの間続くことが想定され、中国でのヘルスケア事業の展開にあたってはこのような制約があることを認識する必要があります。また、このような動きは現在中国で顕著であると言えますが、これまで急速に進んでいたグローバリゼーションの動きは、近年地域によってはむしろ逆行しており、戦争や紛争の勃発により、瞬く間に分断・緊張関係が生じてしまう状況であることからすると、中国以外の国でも同様に国産化を加速する可能性はあり、世界の各国でも同様の規制が導入されることがありうることに注意が必要と言えます。

2　インド

⑴　**インドの医療体制の現状**

　まず、インドのヘルスケア環境の概要について紹介します。
［**図表6－2－1**］をご覧ください。

[図表6－2－1]　インドの医療体制の概要

	項目	概要
(ⅰ)	平均寿命 (2019年)	男性69.5歳／女性72.2歳 （日本：男性81.5歳／女性86.9歳）
(ⅱ)	健康寿命 (2019年)	男性60.3歳／女性60.4歳 （日本：男性72.6歳／女性75.5歳）
(ⅲ)	医療サービス の市場規模 (2018年)	985億米国ドル （日本：5,427億米国ドル）
(ⅳ)	一人当たり年 間医療費 (2018年)	73米国ドル （日本：4,267米国ドル）
(ⅴ)	1万人当たり の医師数	4.7人（2019年） （日本：24.8人（2018年））
(ⅵ)	医師資格	医学部を修了し、学位を取得することで、医師 となる資格を得たことになる。
(ⅶ)	保険制度	労働者を対象とした従業員国家保険と、貧困層 を中心とした国家国民医療制度であるPM JAY の二つが存在する。 国民皆保険制度は導入されておらず、健康保険 への加入者は、インド全人口の約25％ほどしか カバーされていないとされている。
(ⅷ)	個人情報保護 法制	個人情報保護に関する主要な法令は、2000年に 制定されたInformation Technology Actとその 下位規則である。 包括的な個人情報保護法は現状存在しない。 2022年12月にデジタル化された個人情報を対象 とするデジタル個人情報保護法案の草稿が当局 より公開されている。

⑵ ヘルステックの進展と個人情報の保護

　IT分野の成長が目覚ましいインドでは、政府主導で様々なDXが実施されていますが、このことはヘルスケアの分野でも例外ではありません。

　インドでは、政府主導で「インディア・スタック（India Stack）」というオープンAPIが公開されており、これを通じてインドの個人識別番号制度であるAadhaar（アダール）をベースとしたデジタルサービスの利活用が促進されています。その中でインド政府は、2021年9月にオープンで相互利用可能なデジタル・ヘルスケア・エコシステム構築のため、Ayushman Bharat Digital Mission（ABDM）を発足させました。このABDMを実現するためには、全国民が14桁の固有な番号で構成される、国家保険庁が発行するHealth IDを取得することが必要です。このHealth IDはインドの全国民のこれまで提供を受けた処方箋や診断書の情報を含めた医療関連のあらゆる情報と紐付けられており、国民自身のみならず、ヘルスケア業界の関係者である、病院、研究所、保険会社などがこれらの情報にアクセスできるようにすることが想定されています。

　このABDMによる健康情報の共有および利活用はインド全域に深刻な影響を与えた新型コロナウイルス感染症の感染拡大の防止に貢献したと言われています。例えば、インド政府が開発したウェブポータルであるCo-WINは、インドの様々な政府機関が提供しているサービスとHealth IDを紐付けて一元的に情報を管理し、国民がこのサイトを通じて各種公共サービスに

アクセスすることを可能にしており、新型コロナウイルス感染症のワクチン摂取予約の管理に寄与しました。

　また、ABDMによりアクセスすることのできる医療情報は民間の事業にも利用されています。例えば、Eka Care等のスタートアップ企業・CVCは、ABDMより承認を得て、Health IDを利用して取得した医療情報を自社開発のアプリと紐付け、アプリの利用者が自分の健康記録をデジタルで保存することを可能にしたり、利用者の同意の下、この記録を医師と共有したりすることを可能にするシステムを構築し、提供しています。

　このように、インドでは利便性を重視した形で医療情報の一元化・共有化が図られているものの、その一方で社会的に大きな懸念を持たれているのが、データプライバシーの問題です。インドでは、2000年に制定されたInformation Technology Actとその下位規則にて個人情報の保護に関する規定が設けられているものの、20年以上前に制定された法令であり、現在の情勢に完全に合致した内容になっているとは残念ながら言い難い内容となっています。そのため、包括的な個人情報保護法の制定は急務とされており、2019年に個人情報保護法案が国会に提出され、その後も議論が継続されていました。しかしながら、2022年8月にインド政府は突如としてこの個人情報保護法案を撤回し、個人情報保護法の法案は一度白紙に戻っています。撤回理由は、国会の審議の過程で内容がまとまらず、現行法案では同法案を成立させることが難しいと判断されたことです。これにより、包括的な個人情報保護法の制定にはもう少し時間がかかることとなりましたが、2022年の年末に新たにデジ

タル化された個人情報に対象が限定されたデジタル個人情報保護法案の草稿が電子情報技術省より公開されました。今後はこの法案の動向を注視する必要があります。

⑶ オンライン薬局の法制化

　デジタル化の観点からすると、もう一つ、インドのヘルステックにおいて注目されているのがオンライン薬局です。インドのオンライン薬局の規模は世界でも五指に入る規模であると言われています。

　インドでは、医療アクセスが全国民に十分に共有がなされていないという状況です。このような状況下で、スマートフォンがインドでも普及し始め、スマートフォンによって簡単にオンラインで薬局にアクセスすることができるようになると、オンライン薬局は瞬く間に多くの人により利用されることとなりました。オンライン薬局の発達により、医療サービスが不足している農村部でも薬を取得できる窓口が増え、忙しい毎日を生きる都市部の人間も薬局の営業時間を気にすることなく、薬を取得することができる窓口が増えました。また、オンライン薬局では、安価かつ少ない手間で処方薬を受け取ることができるため、生活習慣病患者で日常的に薬を摂取しなければならない者にとってもアクセスが容易になっていると言えます。アマゾンのような大手プラットフォーマーやスタートアップ企業といった供給者側の参入も相次いでいる状況です。

　このようにその利便性からインド国民の間でも人気のあるオンライン薬局ですが、一方、この分野においても十分な規制の

構築が完了していないことがインドの現状です。インドでは医薬品を規律する法令として、医薬品および化粧品法がありますが、同法は1940年の施行以降、大きな改正は行われないまま現在に至るため、現代のヘルスケア市場に完全に合致するような構成になっていません。そこで、医薬品や医療機器、化粧品を包括的に規律する法令が2023年5月現在策定中です。この法令には、オンライン薬局についても規定が設けられることが予定されており、同法令によりオンライン薬局が許可制となり、国民が安心してオンライン薬局を利用できるように環境が整えられることが期待されています。

⑷　インドにおいて考慮に入れるべき地政学上の問題

ややヘルステックのトピックからは離れるものの、先ほど中国の近年の国産化政策について触れたとおり、海外での事業展開にあたっては地政学上の問題を考えなければならないことも少なからずあります。インドにおいても地政学との観点から考慮に入れておくべき、インド特有の規制がありますので、この場で簡単に紹介したいと思います。

東南アジアを含め、多くの国では、自国産業の保護や国防上の観点から一定の産業において外国資本の参入に一定の制約を設ける外資規制を導入しています。このことはインドにおいても例外ではありません。インドでは、そのような事業内容に注目した外資規制に加えて、インドで事業を行う者の資本構成や属性に注目して規制を設ける制度が存在します。具体的には、インドでは、事業の内容や外国資本の投資割合にかかわらず、

インドと国境を接する国の企業がインド国内の事業に投資をするにあたってはインド政府の事前承認が常に必要となる制度を2020年より設けています。インドと旧来から緊張関係にあるパキスタンやバングラデシュには従前からこのような規制がありましたが、この制度の導入により「インドの隣接国」として、中国が含まれることとなりました。したがって、例えば、中国企業からインドの会社へ投資を行い、インド国内で事業を行うにあたっては常にインド政府の事前承認が必要となります。しかしながら、この承認を取得するのは実務的にはかなり難しいものとされています。この規制は直接の投資家がインド隣接国の企業ではなくとも、実質的株主が隣接国の企業などであれば適用があるものとされています。したがって、日系の企業であっても上場企業などで主たる株主が中国企業となる場合や、香港などの中間会社を経由してインド投資を検討する場合にはこのような規制が課されることがありうることに留意する必要があります。

⑸　総　　括

　上記のとおり、インドはIT産業の進展という自国のメリットを生かしてヘルスケア関連のデジタル化政策を推進していますが、データプライバシーやデータセキュリティの観点からの保護体制の構築は十分とは言い難く、これらの法制度の早い構築が待たれます。また、オンライン薬局も法制化が不十分なまま、市場はますます拡大しているという状況です。利用者は価格のみを重視して価格競争力のあるオンライン薬局を選定する

傾向にあり、違法な医薬品や粗悪な医薬品、模倣品などを購入してしまい、利用してしまうおそれがあることは否定できません。そのため、この分野でも早期での法制度化が待たれます。

追って解説を行うシンガポールのように、法整備がスピーディーに進む国もありますが、日本と比べて諸々の規制が整備されていない国は多く存在します。特にアジアに目を向ければインドを含め、そのような国は非常に多いです。法整備が進まない理由は国によって様々ですが、日本と同じような法制度ではないことを頭の片隅に入れて、日本の法制度をベースに何が違うのかを考えながら理解を深めることが他の国の仕組みを理解するにあたっての一つアプローチになるかと思います。また、その一方で、日本ほど慎重に法制度の整備を行わない国も少なからずあり、朝令暮改を辞さずに法令が制定されたり、一見すると矛盾するような（省庁間での目線合わせがなされていないような）法令が制定されたりすることもあるため、国によっては法令の変更のスピードが速いこと（良い意味でも悪いでもキャッチアップをしようとする推進力があること）も頭に入れて、気になる国があれば常に情報収集を行うことが重要となります。

加えて、先ほどの中国の例と同様に、国防の観点から外資規制を導入する国は少なからずあり、上記のようにインドでも新たな固有の外資規制が導入されたことはそのような世界的な傾向を知るための一つの示唆になるかと思います。

3 シンガポール

(1) シンガポールの医療体制の現状

　まず、シンガポールのヘルスケア環境の概要について紹介します。[**図表6-3-1**]をご覧ください。

[図表6-3-1]　シンガポールの医療体制の概要

	項目	概要
(ⅰ)	平均寿命 (2019年)	男性81.1歳／女性85.5歳 (日本：男性81.5歳／女性86.9歳)
(ⅱ)	健康寿命 (2019年)	男性72.4歳／女性74.7歳 (日本：男性72.6歳／女性75.5歳)
(ⅲ)	医療サービスの市場規模 (2018年)	163億米国ドル (日本：5,427億米国ドル)
(ⅳ)	一人当たり年間医療費 (2018年)	2,824米国ドル (日本：4,267米国ドル)
(ⅴ)	1万人当たりの医師数	22.9人（2016年） (日本：24.8人（2018年))
(ⅵ)	医師資格	シンガポール国内で資格を取得した場合に加え、外国で資格を取得した場合でも、一定の登録を行えば医師として業務に従事することができる。
(ⅶ)	保険制度	シンガポール国民と永住者は、以下の三つの保険制度を組み合わせることにより、政府の医療施設を通じて提供される医療サービスに対して補助金を得る権利を有する。助成金の額は医療

		費総額の50〜80％である。
		［メディセーブ］ シンガポール国民と永住者は、月給の8〜10.5％を個人のメディセーブ口座に拠出する義務を負う。拠出額は、個人とその扶養家族の医療費を支払うことに利用できる。 ［メディシールド］ シンガポール国民と永住者に基本的な医療を提供するプログラム。この制度に基づく医療は、一部の公立病院経由で享受することができ、年間約7.3万米ドルの限度額にて医療サービスを受けることができる。 ［メディファンド］ シンガポール国民と永住者が上記二つの口座に十分な資金を有しない場合には、そのセーフティーネットとして機能する。公立病院での治療にあたり、医療費の一部補助を受けることができる。
(viii)	個人情報保護法制	個人データ保護法（PDPA）にて、シンガポールの個人データの保護に関する基準を定めている。

⑵　近時の規制枠組みの変更（施設基準の規制からサービス基準の規制へ）

シンガポールは、金融とテックの集積地であり、ヘルスケアの分野でも新進の技術の導入・発展を円滑に行えるように法規制の整備を進めています。その一例として、医療サービスの規制の基準を、医療を提供する施設を管理する規制体制から、医療サービスそのものを管理の対象とする法規制が2020年より進められています。

　シンガポールでは、1980年に成立した私立病院および診療所法に基づき、従来、私立病院、診療所、療養施設、臨床検査施設などの医療施設を認可制とし、医療サービスをこれらの認可施設において提供するようにルール化することで、医療サービスの水準を保つ仕組みを採っていました。しかしながら、1999年の改正以降、この法律は長らく大きな改正がなされておらず、遠隔診療などの施設を基準としない診療形式が登場したり、様々な医療行為が誕生したりしている中、施設の基準を定める形で認可制を敷くことは医療サービスを規律する法制として、必ずしも最適なものではないというように考えられるようになりました。そのため、シンガポールでは、遠隔診療や民間救急サービスなどの新しい医療の形を一元的に、かつ、サービスの内容に沿って適切に規制できるようにするため、規制の形態を施設基準の規制からサービス基準の規制に移行することとし、私立病院および診療所法を廃止し、ヘルスケア・サービス法が2020年に制定されることとなりました。

　ヘルスケア・サービス法にて規制されるのは、私立病院および診療所法にて規制されていた医療施設ではなく、ヘルスケア・サービスそのものとなります。これにより、医療施設に紐付くのではなく、提供するサービスごとに許認可が付与されることとなります。

　ヘルスケア・サービス法にて規制の対象となる「ヘルスケア・サービス」には、診療報酬の有無に関係なく、幅広いヘルスケア関連のサービスが含まれています。[図表6－3－2]のとおり、治療などを行わない、ビューティー・ウェルネス分野

[図表6−3−2] ヘルスケア・サービスの内容とヘルスケア・サービス法の関係

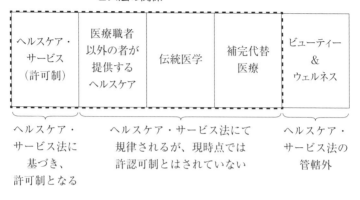

ヘルスケア・サービス（許可制）	医療職者以外の者が提供するヘルスケア	伝統医学	補完代替医療	ビューティー＆ウェルネス
ヘルスケア・サービス法に基づき、許可制となる	ヘルスケア・サービス法にて規律されるが、現時点では許認可制とはされていない			ヘルスケア・サービス法の管轄外

は同法の規制の対象にならないものの、認可制のヘルスケア・サービス業に加え、伝統医療などもヘルスケア・サービス法にて規律しうる法制となっております。このようにして、将来的に現状想定されていないような新たな医療サービスが出現したとしても、本法に従って、適切に規制を及ぼすことができる仕組みを導入しています。

　認可対象のヘルスケア・サービス規制は、2022年の初頭から2023年末までに3段階に分けて実施されます。一斉に全てのサービス事業を移行すると混乱を来すため、三つの大きなグループに分けて、移行を進める形となっています。その間に、市立病院および診療所法にて認可を受けていた医療施設は、自らが今後行う医療サービスに従って、必要となるライセンスをヘルスケア・サービス法に基づいて取得する必要が生じます。フェーズごとの移行対象となるサービスの内容は、[**図表6−3−3**]のとおりとなります。

［図表6－3－3］ フェーズごとの移行対象となるサービスの内容

フェーズごとの内容		
フェーズ1 2022年1月3日	フェーズ2 2023年6月	フェーズ3 2023年末
臨床支援 1．血液バンク 2．臨床検査 3．臍帯血バンク 4．救急業務 5．医療輸送 6．核医学画像診療 7．核医学アッセイ 　　（イン・ビトロ） 8．放射線	入院・施設 9．緊急入院 10．地域病院 外来・通院 11．外来外科センター 12．生殖補助医療 13．歯科 14．診療 15．在宅透析 臨床支援 16．ヒト組織バンク 17．核医学	入院・施設 18．介護施設 臨床支援 19．予防衛生

　新法下では、ライセンスの有効期間は2年とされています。このように定期的にライセンス保有者の適性を審査することにより、適切な者によるサービスの提供の担保が図られています。

⑶　先進技術のヘルスケア分野への導入とそれに課される法規制

　上記のとおり、シンガポールは、金融とテックの集積地であり、ヘルスケアの分野でも新進の技術の導入およびこれを発展させることに積極的です。このような先端技術の導入は利用者の利便性を高める一方で、従前の実務では想定しえなかったよ

うな事象も多分に含むものであり、これらによって何らかの不足の事故などが起きないように、ルールを策定し、安全化を図ることが重要となります。

　例えば、3Dプリンティングの発展に伴い、患者の体型や解剖学的な要件に合わせたいわゆるカスタムメイド型の医療機器や手術器具の製造、人工臓器などのインプラントが容易になったり、また、複雑な医療器具についても大量生産が容易になったりといった恩恵を医療業界は享受しています。3Dプリンティングで生成された医療器具も他の医療器具と同様に、販売許可、製品登録、登録内容変更時の事後届出といった規制を医療器具の製造・販売の過程に課すことにより、適切な機器が流通されることを担保しようとしていますが、シンガポール政府は2021年に3Dプリンティングにて製造された医療機器に関するガイドラインを設け、カスタムメイド型の医療器具とそうではない大量生産型の医療器具にて製品登録の基準に差を設けるなどして適切な管理体制の構築に腐心しています。

　また、その他の例として、人工知能（AI）の医療分野での利用は、今後のヘルスケアの発展に不可欠なものであることは第2章や第3章でも触れていますが、同様に、AIの利用は、法的責任の所在や、個人情報やサイバーセキュリティの問題、アルゴリズムの適切性などの検討するべき課題を含むものでもあります。このような問題意識に基づき、シンガポール当局は、AIの開発者および利用者に対して、その開発・利用時の規範などを定めたガイドラインを2021年に公開しています。例えば、AIを用いた医療機器に関する法的責任の所在については、開発者

および利用者でどのように法的責任を整理するべきかの指針が示されています。また、個人情報の保護については、AIを用いた医療機器の設計・開発にあたって、AIの育成、テストや使用されるデータについてとるべき適切な保護措置の示唆がなされています。さらには、アルゴリズムの適切性については、エンジニアによる開発のみならず、医療の実務家による十分な検証を行うことや、アルゴリズムの設計が明確に書面化され、再現可能なものであることが推奨されています。

⑷ 総　　括

　シンガポールは、フィンテックやその他のテック関連の法規制に関し、柔軟でかつ時勢に沿ったものを、スピード感を持って策定することに定評があり、その点が国際的に投資家から評価されていると言えます。2022年になってから、人の往来がますます増え、シンガポールに移住する方やシンガポールで新たに事業をする方も増加の傾向にありますが、この点は法制度の整備が合理的かつクイックに進んでいくことも一因にあるように思われます。上記にて紹介したとおり、ヘルステックの分野でもその傾向は例外なく当てはまります。シンガポールと日本では国のサイズも異なり、一概にシンガポールの政策を日本に当てはめることはできませんが、このようなスピード感を持つルール策定については参考にできる部分があるように思われます。また、旧来の法制度が現代に沿ったものではないと判断した場合には、旧制度から全く異なる新しい制度に大胆に変更する姿勢も参考になる部分があるかと思いますし、また、海外で

はこのようなことが起こりえるため、この観点からも情報収集は重要になるかと思います。

4 タ　イ

(1) タイの医療体制の現状

　まず、タイのヘルスケア環境の概要について紹介します。［図表6-4-1］をご覧ください。

［図表6-4-1］　タイの医療体制の概要

	項目	概要
(i)	平均寿命 （2019年）	男性74.4歳／女性81.0歳 （日本：男性81.5歳／女性86.9歳）
(ii)	健康寿命 （2019年）	男性65.9歳／女性70.6歳 （日本：男性72.6歳／女性75.5歳）
(iii)	医療サービスの市場規模 （2018年）	約190億米国ドル （日本：5,427億米国ドル）
(iv)	一人当たり年間医療費 （2018年）	275米国ドル （日本：4,267米国ドル）
(v)	1万人当たりの医師数	9.2人（2019年） （日本：24.8人（2018年））
(vi)	医師資格	医師養成機関卒業後、国家試験に合格し、医師免許を取得する必要がある。 診療科ごとに医師免許が分かれており、取得している診療科以外の診療は行えない。

		タイでは、以下の三つの制度でほぼ全国民をカバーする。 ［公務員医療保険制度］ 政府に勤務する公務員など（退職者含む）に加入資格があり、本人およびその家族が給付対象となる。 ［社会保障制度］ 15歳以上60歳未満の民間企業にて就労する者は強制加入する必要があり、農民・自営業者などは任意加入である。給付対象は加入者本人のみである。また原則として、事前に登録した医療機関でのみ受診可能である。 ［国民医療保険］ 上記制度が適用されない農民・自営業者などが任意で加入でき、給付対象は本人のみである。
(vii)	保険制度	
(viii)	個人情報保護法制	タイ初の個人情報保護法が2019年2月に成立、5月に一部施行された。当初本格的な運用開始までに1年間の猶予期間が設けられていたが、新型コロナウイルス感染症の流行を受けて政府機関や民間企業に十分な準備期間を与えるため施行が延期され、2022年6月より完全施行となった。

(2) 臨床研究・その他先進的なヘルステック分野への投資への恩典

　タイは東南アジアの地域ではメディカルツーリズムを推進していることもあり、東南アジア域内ではシンガポール・マレーシアと並ぶ医療先進国として扱われています。健康診断を受診するために中東などからタイに来る方も多く、日系企業の各地の駐在員も、インドやスリランカなどに駐在する駐在員は日本

やシンガポールのみならず、タイで健康診断を受けることとしている企業も少なくありません（イスラム圏やヒンドゥー圏では牛肉や豚肉を調達できないため、タイにて駐在員およびその家族が食料調達に来るという側面もあります）。隣国のベトナムやカンボジアなどは、国内で対応の難しい症例（未熟児の治療など）について、タイにて治療を行う例もあります。

　タイは伝統的には製造業に強みを持つ国ですが、このような背景事情から、医療業界への期待は大きく、医療分野への予算額は2021年には国家予算の10％強に達しています。

　タイでは更なる医療分野の発展を見込み、様々な投資優遇策を医療分野に対して設けています。タイにおける投資恩典は、タイの投資委員会（Board of Investment：BOI）を通じて決定されますが、タイにおけるヘルスケア分野の競争力を高め医療ハブとしての地位を強化する目的で、BOIは臨床研究を促進するための委託研究機関（Contract Research Organization：CRO）と臨床研究センター（Clinical Research Center：CRC）の運営という臨床研究に携わる事業に対し、2021年より新たに投資恩典を与えています。投資恩典として、法人所得税の8年間の免除や、研究開発用の物品の輸入関税の免除といった税務・関税面の恩典が挙げられます。また、投資家が外国人であれば、このような医療分野への投資は外資規制の対象となり、原則として禁止されるところ、投資恩典を取得することにより外国人（100％外国資本）にて同事業に参画することが可能になるといった恩典もあり、大変魅力的なものとなっています。

⑶ 医療食品や栄養補助食品の開発・生産への投資恩典

　また、医療分野に関連して、タイで近年ホットトピックに挙がっているものとして、医療食品または栄養補助食品を含むフューチャーフードの開発・生産があります。生産過程の中で発生してしまう廃棄物や二酸化炭素を減らす最も効率的な食品の製造を目指すフューチャーフードの開発・生産は世界的にも注目を集めていますが、タイでもフューチャーフードの開発・生産については、BOIを通じて投資恩典を与えています。フューチャーフードの各種レシピを開発する場合、研究開発業種において奨励申請ができ、奨励の付与が認められれば、上記の臨床研究機関と同様に、上限なしで8年間の法人所得税の免除、研究開発に使用する物品の輸入税の免税などの恩典が付与されます。フューチャーフードの中でも人気のあるものとして、農業原料を加工しての代替タンパク質の製造がありますが、タイでは、世界的に人気のある、大豆などの植物性タンパク質を利用した生産方法に加え、元来タイ東部を中心に昆虫食文化があることから、コオロギなどをベースとした昆虫タンパク質の製造、これをベースとしたパスタ、プロテインバー、飲料などの開発・生産が進められています。

⑷ 総　　括

　タイでは、上記のように先進医療分野の開拓に積極的です。先進医療分野に従事する事業にインセンティブを与え、リードする企業を育てようという姿勢は私企業にとっても分かりやす

いメッセージであり、より多くの企業が先進医療分野にて発展を遂げることが期待されています。タイでは、近年、他の周辺地域に先んじて大麻の利用に関する規制を緩和しており、また、SDGsに関する感度も他の周辺地域に比べると相対的に高い国と言えます。投資先としてもマーケットとしても、今後も注目するべき国の一つであるものと考えられます。

　また、今回紹介した例のように、国によってはヘルステック分野において、新たな規制を設けるのではなく、投資恩典を設けるような国もあります。投資恩典を設けるか否かはタイの例のように国策に関連することが多いので、ヘルステックやヘルスケアに国として力を入れている場合は、投資恩典の有無に着目されるとよいかと思います。投資恩典のみならず、重点的に発展を進めたい分野については、サンドボックス制度（ここでは、現行規制との関係で実装が困難である新しい技術やビジネスモデルの実用化に向け、事業者の申請に基づき、規制官庁の認定を受けた実証を行い、実証により得られた情報やデータを用いて規制の見直しにつなげていく制度のことを想定しております）が設けられていたり、日本のAIに関する医療機器における変更計画確認制度（IDATEN）のような制度が設けられていたりすることもあるかと思います。

　なお、タイのように第一言語が英語ではない国については情報収集について工夫をするとより効率的な場合があります。このような国では、特にヘルステックのような分野では、英語や日本語での文献や情報が少なく、かつ、正確ではない場合もあります。したがって、このような国の情報収集にあたっては信

頼できるリソースを探し出すこと、定期的に発掘することにより、最新の正確な情報を収集できるようにすることが重要かと考えます。

5 ベトナム

(1) ベトナムの医療体制の現状

まず、ベトナムのヘルスケア環境の概要について紹介します。[図表6-5-1]をご覧ください。

[図表6-5-1] ベトナムの医療体制の概要

	項目	概要
(i)	平均寿命 (2019年)	男性69.6歳／女性78.1歳 (日本:男性81.5歳／女性86.9歳)
(ii)	健康寿命 (2019年)	男性62.4歳／女性68.3歳 (日本:男性72.6歳／女性75.5歳)
(iii)	医療サービスの市場規模 (2018年)	約16億米国ドル (日本:5,427億米国ドル)
(iv)	一人当たり年間医療費 (2018年)	152米国ドル (日本:4,267米国ドル)
(v)	1万人当たりの医師数	8.3人(2016年) (日本:24.8人(2018年))
(vi)	医師資格	医療従事者の人材不足を是正するために、教育・訓練を受けるだけで資格を取得できる制度が導入されている。

(vii)	保険制度	保健省らによる公的健康保険制度があり、国民皆保険を目指している（2019年時点の加入率は87.9％）。
(viii)	個人情報保護法制	日本の個人情報保護法やEUの一般データ保護規則などに相当する包括的な個人情報保護に関する法令は2022年まで存在しなかったが2023年4月に包括的な個人情報に関する法令が制定された。 情報テクノロジー法、国家安全保障法や民法など様々な法令により個人データ保護に関する義務を規定している。 2021年2月、ベトナム公安省はサイバーセキュリティ法などに基づく「個人データ保護に関する政令案」を公表し、12月1日に施行している。

⑵　医療情報と個人情報保護法制

　ベトナムでも遠隔診療サービス市場などが拡大しており、ヘルステック市場は拡大の傾向にありますが、データセキュリティの観点からは個人情報法制の整備が急速に進んでいるため、注意が必要です。

　ベトナムには、2022年時点では、日本の個人情報保護法のような包括的な個人情報保護法令は存在せず、サイバーセキュリティ法などの個別の法令がそれぞれ個人情報やプライバシーの保護に関する規定を通じて規制を行っていました。

　これに加えて、2023年4月に包括的な個人情報に関する政令が制定されました。

　この法令は従前公開されていた草案とは相当程度異なるもの

となっています。2021年に公開されていた草案では、個人情報のベトナム国外の移転に当たって、当局の事前承認を取得することに加えて、原情報のベトナム国内での保管を求めたり、センシティブ情報の処理に当たっても当局の事前承認を取得することを求めたりするものであり、事業者に厳しい規制を課すものとなっていました。そのため、本法令が草案のまま制定され、施行されることに少なからず懸念が寄せられていました。

　2023年4月に制定された本法令では、この草案と異なり、これらの規制は削除されたものの、依然として他の国の個人情報保護法制と比して独自性が強く、適用のある事業者に多くの義務を課す内容となっています。上記のような事前承認の制度はなくなったものの、それでもなお個人情報の利活用に当たって国家および当局が多くの関与を行う内容となっています。

　例えば、個人情報の管理者や処理者に該当する者は、その情報の処理を開始する時点から、自らが行う個人情報の処理が情報主体に与える影響についての評価を実施することが求められます。その上で、所定の様式でこの評価の結果を記載した書面を作成・保管することが義務付けられています。加えて、その情報処理の開始時点から60日以内に当局に同書面を提出することが求められています。

　ベトナム国外への個人情報の移転についても同様に、個人情報の移転の影響についての評価の実施、評価結果を記載した書面の作成・保管が求められています。また、60日以内の当局への同書面の提出も同様に求められています。

　この法令はこのように適用のある事業者に対して、多くの義

務を履行することを義務付けるものでありながら、同法の施行時期は2023年7月であり、法令の公布から施行の時期までに3カ月しか時間が取られていませんでした。このように大きな法改正が導入されるものの、十分な準備期間、移行期間は設けられず、その法令の適用のある事業者がその対応に迫られるという状況は他の国でも発生しえますが、ベトナムも例外ではありません。

⑶　総　　括

　ヘルステックを進展するにあたり、今後は個人情報を含めたデータの取扱いが重要となりますが、個人情報の保護は各国でも積極的に進められており、アジアの国々でも進展度の差はあれ、ルール策定を進めています。

　今回紹介したベトナムのように、アジアの各国は法令が未整備な国が多く、整備を進めている国は改正のペースも早いため、最新の法令が何なのかについても確認をする必要があり、注意が必要であると言えます。

　また、個人情報保護については全体的に厳格化の傾向にあり、EUにおけるGDPRのように制裁を厳しくしている国が増えていることも注意が必要です。例えば、中国では2022年9月に公表されたインターネット安全法改正のパブリックコメントに付された改正案において、処罰の強化が規定されています。具体的には、過料の金額がこれまでは10万元（2023年5月時点で約200万円）以下であったのが、5,000万元（2023年5月時点で約10億円）または前年度の売上高の5％（重大な違反が生じた場

合）に引き上げられたり、違反事例の公表や営業許可の取消し
が新たに追加されたりしています。このような厳格化の傾向が
見られることを認識しつつ、より一層の注意を持って、データ
プロテクションの対応を行うことが必要になります。

6 フィリピン

⑴ フィリピンの医療体制の現状

　まず、フィリピンのヘルスケア環境の概要について紹介しま
す。[図表6－6－1]をご覧ください。

[図表6－6－1]　フィリピンの医療体制の概要

	項目	概要
(i)	平均寿命 （2019年）	男性67.4歳／女性73.6歳 （日本：男性81.5歳／女性86.9歳）
(ii)	健康寿命 （2019年）	男性60.1歳／女性63.9歳 （日本：男性72.6歳／女性75.5歳）
(iii)	医療サービス の市場規模 （2018年）	約146億米国ドル （日本：5,427億米国ドル）
(iv)	一人当たり年 間医療費 （2018年）	137米国ドル （日本：4,267米国ドル）
(v)	1万人当たり の医師数	0.3人（2018年） （日本：24.8人（2018年））
(vi)	医師資格	4年制の大学卒業後、4年制のメディカルス クールを終了し、実務修練の上、国家試験に合

		格すると、医師免許を取得できる。
(vii)	保険制度	フィリピン健康保険公社により全国規模の公的医療保険が運営されており、フィリピン政府は全ての国民を被保険者とすることを目指している。 ［Philhealth］ 全国民を対象とし、本人およびその被扶養者（配偶者、就業していない未婚の21歳未満の子供、保険未加入の60歳以上の親）が給付対象となる。給付の対象は原則として入院の場合に限られ、外来・通院は対象とならない。公的医療機関およびフィルヘルス指定の一部の民間医療機関にて治療を受けるにあたって適用がある。
(viii)	個人情報保護法制	包括的な個人情報保護法（Data Privacy Act of 2012（Republic Act No.10173））が2012年に制定、2017年9月より施行されている。

⑵ 遠隔診療の法制化

　フィリピンは2014年に人口が1億人を突破し、現在も人口が増え続けている一方、医療リソースについては日本などと比べると全ての国民に行き届いているとは言い難いのが実情です。[図表6－6－1]のとおり、1万人当たりの医師数も0.3人と低水準であり、特に、農村部では医師不足・看護師不足が深刻です。このような中、2020年に入ると新型コロナウイルス感染症の流行が深刻化し、農村部を中心に医療体制はますます逼迫する状況となりました。

　このような状況の中で、注目を集めたのが遠隔診療です。農村部のような物理的に医師の数が足りていない地域において

も、遠隔診療が可能となれば、医療の提供を行うことができ、かつ、医療従事者が診断時に新型コロナウイルス感染症に感染するリスクも遮断できることから、遠隔診療の利用が注目されたものの、旧来のフィリピンの医療法では、医行為は「物理的に診察を行うこと」が法令上明記されており、例外としての遠隔診療を認める規定はない状況でした。そのため、遠隔診療を行うためには、法令の整備が急務でした。

この点、フィリピン当局の動きは速く、まず2020年3月に、新型コロナウイルス感染症の感染拡大を目的とした隔離が実践されている間の時限的な措置として、新型コロナウイルス感染症の感染者に対する治療において遠隔診療を認める旨のガイドラインが保健省と国家プライバシー機関（個人情報保護法を管轄する日本の個人情報保護委員会に相当する機関）の合同にて発行され、即日施行されました。この2020年3月に発行されたガイドラインは簡易なものであり、詳細が記載されていなかったのですが、2020年4月、2020年8月に、より詳細な規定が記載されたガイドラインが定められ、インターネット環境などの最低限必要なインフラ設備や遠隔診療の際の診察の進行の仕方、受診者からの同意の取得の方法などが記載されるようになりました。

この2020年の動きを機にフィリピン当局は法令の整備を進め、2021年5月には、時限的なものではなく、新型コロナウイルス感染症の感染者に対する治療に限定されない形でのガイドラインを発行しています。ただし、遠隔診療の利用は、原則として「かかりつけの医師」との間の再診などで利用することが

推奨されており、初診などの診察では推奨されていません。また、日本のオンライン診療指針のように、診療計画の作成・保存、本人確認の実施、患者からの同意の取得の方法、医師や患者の所在、通信環境（情報セキュリティ・プライバシー・利用端末）、診察後の患者からのフィードバックの取得なども規定されており、第三者プラットフォームを通じて遠隔診療を行う場合の諸規定も設けられています。

⑶ **総　　括**

　フィリピンの遠隔診療の導入は、新型コロナウイルス感染症の流行という危機が法整備の発達を促した好例と言えます。遠隔診療は、ここまで挙げてきた中国、インド、シンガポール、タイ、ベトナムといった国でも急速にその利用が増えており、世界中で注目されている分野の一つであると言えます。欧米を中心に、越境で、例えば、イギリス在住の医師がアフリカ在住の患者に遠隔診療を提供できないかという話も出てきています。そのような越境でのサービスを実現するためには、各国において更なる法的な整備が必要となりますし、診療報酬の決定方法や医療保険をどのように構築するべきかという実務的に検討すべき課題も多い分野です。今後も更なる発展が期待できる面白い分野の一つであると言えるため、各国がどのような規制や制度の下、この制度を発展させていくのかは要注目です。

■ 著者略歴 ■

小山　嘉信（こやま　よしのぶ）　第1章担当
長島・大野・常松法律事務所弁護士
2006年弁護士登録、2012年Duke University School of Law卒業（LL.M.）、2012年〜2013年Debevoise & Plimpton（New York）勤務、2022年〜東京大学法学部非常勤講師（民法）

箕輪　俊介（みのわ　しゅんすけ）　第6章担当
長島・大野・常松法律事務所弁護士
2008年弁護士登録、2014年Duke University School of Law卒業（LL.M.）、2014年Ashurst LLP（London）勤務、2014年〜長島・大野・常松法律事務所バンコクオフィス勤務

粂内　将人（くめうち　まさと）　第5章担当
長島・大野・常松法律事務所弁護士
2010年弁護士登録、2017年University of California, Los Angeles, School of Law卒業（LL.M.）、2017年〜2018年Kirkland & Ellis LLP（Chicago）勤務

鳥巣　正憲（とす　まさのり）　第4章担当
長島・大野・常松法律事務所弁護士
2011年弁護士登録、2017年Duke University School of Law卒業（LL.M.）、2017年〜2018年Steptoe & Johnson LLP（Washington, D.C.）勤務、2019年〜2021年厚生労働省大臣官房勤務

萩原　智治（はぎわら　ともはる）　第3章担当
長島・大野・常松法律事務所弁護士
2017年弁護士登録、2023年New York University School of Law卒業（LL.M. フルブライト奨学生）

■ 編著者略歴 ■

鈴木　謙輔（すずき　けんすけ）　編集、はじめに、第2章担当

長島・大野・常松法律事務所弁護士

2000年弁護士登録、2006年Stanford Law School卒業（LL.M.）、2006年〜2007年Kirkland & Ellis LLP（Chicago）勤務、2007年〜2009年金融庁総務企画局市場課勤務、2014年〜2015年厚生労働省参与

KINZAIバリュー叢書 L

ヘルステックと法

2023年11月10日　第1刷発行

編著者　鈴　木　謙　輔
発行者　加　藤　一　浩

〒160-8519　東京都新宿区南元町19

発　行　所　一般社団法人 金融財政事情研究会

編 集 部　TEL 03(3355)1721　FAX 03(3355)3763
販売受付　TEL 03(3358)2891　FAX 03(3358)0037

URL https://www.kinzai.jp/

DTP・校正：株式会社友人社／印刷：三松堂株式会社

・本書の内容の一部あるいは全部を無断で複写・複製・転訳載すること、および磁気または光記録媒体、コンピュータネットワーク上等へ入力することは、法律で認められた場合を除き、著作者および出版社の権利の侵害となります。
・落丁・乱丁本はお取替えいたします。定価はカバーに表示してあります。

ISBN978-4-322-14362-1

創刊の辞

2011年3月、「KINZAIバリュー叢書」は創刊された。ワンテーマ・ワンブックスにこだわり、実務書より読みやすいが新書ほど軽くないをコンセプトに、現代をわかりやすく切り取り、かゆいところに手が届く、丁度いい「知識サイズ」に仕立てた。

ニュース解説に留まらず物事を「深掘り」した結果、バリュー叢書は好評を博し、間もなく第一作の「矜持あるひとびと」から数えて刊行100冊を迎える。読者諸氏のご愛顧の賜物である。

バリュー叢書に通底する理念は不易流行である。「金融」「経営」などのあらゆるジャンルに果敢に挑戦しながら、「不易」―変わらないもの―と「流行」―変わるもの―とをバランスよく世に問うことである。本叢書シリーズは決して色褪せない。それはすなわち、斯界の第一線実務家や研究者が現代を切り取り、コンパクトにまとめ、時代時代の先進的なテーマを鮮やかに一冊に落とし込んでいるからだ。次代に語り継ぐべき大切な「教養」や「斬新な視点」、「魅力溢れる人間力」が手本なき未来をさまようビジネスパーソンの羅針盤になっているものと確信している。

2022年12月、新たに「Legal」を加え、12年振りに「バリュー叢書L」を創刊する。不易流行は変わらずに、いま気になることがすぐにわかる内容となっている。第一線実務家や研究者はもとより、立案担当者や制度設計に携わったプロ達も執筆陣に迎えている。

新シリーズもまた、混迷の時代、先が見通せないと悩みながら「いま」を生き抜くビジネスパーソンの羅針盤であり続けたい。

加藤　一浩